국제PEN한국본부
창립70주년기념 시인선
27

달을 말벗 삼아 별을 길벗 삼아

서상문 시집

International PEN-Korea Center **pen**

국제 PEN 헌장

국제PEN은 국제PEN대회 결의에 따라 다음과 같이 헌장을 선포한다.

1. 문학은 각 민족과 국가 단위로 이루어지나, 그 자체는 국경을 초월하여 그 어떤 상황 변화 속에서도 국가 간의 상호 교류를 유지해야 한다.

2. 예술 작품은 인간의 보편성에 바탕을 두고 길이 전승되는 재산이므로 국가적 또는 정치적 권력으로부터 간섭을 받아서는 안 된다.

3. 국제PEN은 인류 공영을 위해 최대한의 영향력을 발휘해야 하며 종족, 계급 그리고 민족 간의 갈등을 타파하는 동시에 전 세계 인류가 평화롭게 살아갈 수 있다는 이상을 실현하기 위하여 최선을 다해야 한다.

4. 국제PEN은 한 국가 안에서나 또는 세계 여러 나라에서 사상의 교류가 상호 방해 받지 않는다는 원칙을 준수하며, PEN 회원들은 각자 국가나 지역사회에서 어떤 형태로든 표현의 자유를 억압하는 데 반대할 것을 선언한다. 또한, PEN은 출판 및 언론의 자유를 주창하며 평화시의 부당한 검열을 거부한다. 아울러 PEN은 정치와 경제의 올바른 질서를 지향하기 위해 정부, 행정기관, 제도권에 대한 자유로운 비판이 필수적이고 긴요하다는 사실을 확신한다. 이와 함께 PEN 회원들은 출판 및 언론 자유의 오용을 배격하며, 특정 정치 세력이나 개인의 부당한 목적을 위해 사실을 왜곡하는 언론 자유의 해악을 경계한다.

이러한 목적에 동의하는 모든 자격 있는 작가들, 편집자들, 번역가들은 그들의 국적, 언어, 종족, 피부 색깔 또는 종교에 관계없이 어느 누구라도 PEN 회원이 될 수 있다.

(사)국제PEN한국본부 연혁

국제PEN본부는 1921년에 창립되어 2023년 3월까지 145개국 154개 센터가 회원으로 가입돼 있는 세계적인 문학단체이다. 국제PEN본부는 영국 런던에 본부를 두고 있으며 특히 UN 인권위원회와 유네스코 자문기구로 현재 전 세계 문인, 번역가, 편집인, 언론인들의 표현의 자유를 옹호하고 인권 문제를 다루고 있는 단체이다.

한국PEN은 1954년 9월 15일 변영로·주요섭·모윤숙·이헌구·김광섭·이무영·백철 선생 등이 발기하여 같은 해 10월 23일 당시 서울 소공동 소재 서울대학교 치과대학 강당에서 창립총회를 열고 국제펜클럽한국본부로 공식 출범하였다. 국제펜클럽한국본부는 그 이듬해인 1955년 6월 비엔나에서 열린 제27차 세계대회에서 정식회원국으로 가입하고 그해 7월에 인준을 받아 오늘에 이르렀으며 2024년 2월 기준 회원 수는 4,000여 명이다.

(사)국제PEN한국본부(International PEN Korea Center)는 역사와 권위를 자랑하는 국제적 문학단체로서 회원들의 양심과 소신에 따른 저항권과 표현의 자유를 옹호하고 구속 작가들의 인권문제를 다루며 한국의 우수 문학작품을 번역,

세계 각국에 널리 알리고 우리 민족의 고유문화와 전통문화 등을 해외에 소개하는 한편 세계 각국과 문화 교류 및 친선을 도모하는 데 주도적 역할을 담당하고 있다.

1954. 10. 23.	국제펜클럽한국본부 창립
1955.	제27차 국제PEN비엔나대회에서 회원국 가입
	『The Korean PEN』영문판 및 불어판 창간
1958.	국내 최초 번역문학상 제정
1964.	PEN 아시아 작가기금 지급(1970년 제6차까지)
1970.	제37차 국제PEN서울대회 개최(60개국 참가)
1975.	『PEN뉴스』창간. 이후 『PEN문학』으로 제호 변경
1978.	한국PEN문학상 제정
1988.	제52차 국제PEN서울대회 개최
1994.	제1회 국제문학심포지엄 개최
1996.	영문계간지 『KOREAN LITERATURE TODAY』창간
2001.	전국 각 시도 및 미주 등에 지역위원회 설치
2012. 9.	제78차 국제PEN경주대회 개최
2015. 9.	제1회 세계한글작가대회 개최
2016. 9.	제2회 세계한글작가대회 개최
2017. 9.	제3회 세계한글작가대회 개최
2018. 11. 6~9.	제4회 세계한글작가대회 개최
2018. 8. 22.	정관개정에 의해 국제PEN한국본부로 개명
2019. 2.	PEN번역원 창립
2019. 11. 12~15.	제5회 세계한글작가대회 개최
2020. 10. 20~22.	제6회 세계한글작가대회 개최
2021. 11. 2.~4.	제7회 세계한글작가대회 개최
2022. 11. 1.~4.	제8회 세계한글작가대회 개최
2023. 11. 14.~17.	제9회 세계한글작가대회 개최
2024. 10. 29.~11.1.	제10회 세계한글작가대회 개최

국제 PEN 한국본부 창립 70주년 기념 선집을 발간하며

국제PEN한국본부는 1954년에 창립되고 이듬해인 1955년 6월 오스트리아의 빈에서 열린 제27차 국제PEN세계대회에서 회원국으로 가입되었다. 초대 이사장은 변영로 선생이 맡고 창립을 주선했던 모윤숙 시인이 부이사장을 맡았다. 이하윤, 김광섭, 피천득, 이헌구 등과 함께 창립의 중심 역할을 했던 주요섭이 사무국장을 맡았다.

6·25한국전쟁이 휴전된 지 겨우 1년이 되는 시점에 이루어 낸 국제PEN한국본부의 창립은 매우 깊은 의미를 담는 거사였다. 그동안 국제PEN한국본부는 세 차례의 국제PEN대회와 10회의 세계한글작가대회를 개최하며 수많은 국내외 행사를 주최해 왔다. 이에 지난 2024년에는 창립 70주년을 맞이하게 되어 그 기념사업의 일환으로 PEN 회원들의 작품 선집을 발간하기로 하였다.

여러 가지 기념사업을 진행하지만 회원들의 주옥같은 작품집을 선집으로 집대성하여 남기는 일은 가장 중요하고 의미 있는 일이라 생각한다.

    시와 산문으로 구성되는 선집은 우리 한국문학사의 중요한 족적을 남기는 귀중한 역사 자료로서의 가치를 갖게 되리라고 믿으며 겸허한 마음으로 70주년을 자축하는 주요 사업으로 진행하게 된다.

    참여해 주신 회원들께 감사하며 어려운 여건 속에서도 기꺼이 출판을 맡아 준 기획출판 오름의 김태웅 대표와 도서출판 교음사의 강병욱 대표에게 심심한 감사를 드린다.

2025년 2월

국제PEN한국본부 이사장 직무대행 오경자

시인의 말

　아르튀르 랭보는 "시인이 되려면 먼저 자기 자신을 완전히 알아야 해"라고 말한 바 있다. 나는 아직 참 시인이 아니다. 나 자신을 알았더라면 나는 '시'라는 걸 쓰지 않았을 것이다. 인간과 인생이 뭔지를 안다면 나는 '시'를 쓰지 않을 것이다. 두 번째 시집 아닌 시집을 내게 됐다.

　일천한 경험이었지만 해보니 詩作은 마음 공부더라. 마음을 내려놓으면 시가 산뜻해지면서 깊이도 더해진다. 하지만 내 사유의 편린에는 여전히 是非之心, 분노, 자책과 회한 따위가 짙게 배어 있다. 정제되지 않은 감정 발산은 번뇌와 고통의 결정체다. 상처 받은 마음을 스스로 치유하는 한 과정이기도 했다. 放下着은 아직 길이 멀다는 걸 자각한다. 달관과 무아로의 질적 전환이나 고양 혹은 승화는 언제쯤 가능해질까? 가보는 데까지 가보는 수밖에 없다. 마음의 위안이나 평정심을 찾기 위해선 어쩔 수 없다. 아직까진 남들 보다 나를 위해 쓰기 때문이다. 탐색은 계속될 것이다.

2024. 12. 22. 21:27.
일본 큐우슈우 카라쯔(唐津)시에서

雲靜

차례

국제PEN헌장

(사)국제PEN한국본부 연혁

국제PEN한국본부 창립 70주년 기념 선집 발간사

009 _ 시인의 말

달을 말벗 삼아 별을 길벗 삼아

017 _ 인류 共業의 과보
018 _ 無碍行의 무애행
019 _ 꿈에서라도
020 _ 미운 밥 연작 1
021 _ 미운 밥 연작 2
023 _ 미운 밥 연작 3
024 _ 사랑은
025 _ 어느 시인의 간구
027 _ 그리움이란 이런 건가요?
028 _ 不垢不淨
029 _ 목련이 피는 곡절
030 _ 덧없는 사죄
032 _ 아 우크라이나 여인이여!
034 _ 꿈의 이율배반

035 _ 憤出口

036 _ 德과 정신건강

037 _ 존재의 효용

038 _ 1차원적 삶 2

039 _ 경계인

040 _ 한때

041 _ 내 탓인 걸

042 _ 夫情

043 _ 구룡포 醉歌

045 _ 다중 속 고독

046 _ 말뿐인 사람들

048 _ 시소

049 _ 영원한 황홀

050 _ 죄 사함

051 _ 감은사지 석탑

052 _ 눈에 보이는 게 다가 아녀

053 _ 세상인심 2

055 _ 어색함 속에선

056 _ 자존의식

057 _ 샛별 부부

058 _ 우주 정복을 하겠다면

059 _ 초가을소풍
060 _ 두 가문
061 _ 거목
062 _ 상어야 미안하다
063 _ 원죄
064 _ 미친 세상 살아가기 1
066 _ 미친 세상 살아가기 2
068 _ 떠나는 것들에게
069 _ 부부 인연
070 _ 인간의 가식
071 _ 행복의 상태
072 _ 출가 사양의 변
073 _ 아듀 2022!
074 _ 세뇌된 관성
076 _ 나는 너에게
077 _ 혼술의 효용
078 _ 장기천 둑방길
079 _ 겨울 三千寺
080 _ 눈꽃 이별
081 _ 구룡포 부둣가 회 써는 아지매
082 _ 새해 아침 구룡포인들이여

083 _ 小人杯와 小人輩

085 _ 하노이의 아침

086 _ 사빠에서 디엔비엔푸 가는 길

087 _ 메콩강 선상에서

088 _ 루앙프라방의 새벽

089 _ 慙愧無面

090 _ 제로섬 인생길에서

091 _ 청룡호 추억

092 _ 회귀

093 _ 진보진영 원로들의 이중성?

095 _ 마침표 한 점

096 _ 思父哭

097 _ 북한산 참꽃

098 _ 봄비

099 _ 어떤 법어

100 _ 나는 울엄마다

101 _ 다시 구룡포로 간다

102 _ 구룡포에서 주님 모시기

103 _ 친구 故 추동호의 넋을 기리며

104 _ 구룡포가 부럽다

105 _ 그리움의 역설

106 _ 할미꽃

107 _ 마음

108 _ 접시꽃 친구

110 _ 아이 나름인 걸

112 _ 가볍게 가볍게

113 _ 존재의 연민

114 _ 집 나간 아내가

115 _ 집 나간 아내에게

116 _ 어떤 모자

117 _ 중년과 노년의 차이

118 _ 지혜도 때가 있지

119 _ 이 가을에

120 _ "선생님!"

121 _ 요즘 시대 넝마주이

122 _ 떠도는 바람

123 _ 추천사 | 박경석
1인 다역의 삶을 사는 雲靜 서상문 시인

달을 말벗 삼아
　　별을 길벗 삼아

그리움은 물 쓰듯 헤프면 안 된다.
심장 깊숙이 갈무리해 놓고
한 올 두 올 피어나듯 해야 한다.
조금씩 부족해야 삶이 삶다워지듯이
이따금씩 그리워야 제대로 그리워진다.

인류 共業의 과보

코로나 여파로 당연한 듯한 것들이 멈춰 섰다.
어릴 적에 본 아름드리 무지개가
다시금 하늘마루에 길게 가로놓이고
그 사다리 타고 내려오는 사라졌던 소리들
덜 쓰고 안 잡으니 새살 돋듯 되살아난다.

그래도 풀라톨을 꿀꺽한 민팔물고기smooth handfish는,
청산가리 삼킨 꿩을 잡아먹은 토종여우는
깡그리 절멸된 듯 끝내 나타나지 않는구나.

잠자코 있는 신에겐 책임이 없다.
인간들의 분별없는 과소비 탓이지.
자기 몸을 헤집고, 부수고, 없애고, 자해한 자업자득이지.
45억 년 된 보금자리를 교란시킨 과보라네.

생성된 독성은 반감되면서 돌고 돌지만
회통 싸이클이 끊어지면 공멸뿐이라네.
더 편해지려고, 더 많이 가지려고
앞으로만 나아가려 하지 마라.
'발전'이 능사가 아니라니깐요.

— 2021. 12. 12. 20:41. 구파발행 전철 안에서

無碍行의 무애행

걸림 없이 산다는 어느 초로의 "비구"
대학 자퇴 후 세상사에 구속받기 싫어 깎았단다.
자칭 스님이라면서도 계율은 놓아버린 듯
속인보다 더 거리낌 없이 자유롭게 산다.

승적이 불투명한 가짜 중인 듯해서
몇 차례 술자리를 같이한 사이가 됐다.
그날도 해탈을 화두로 함께 마시던 중에
친구가 어디냐며 한 잔 하러 오라고 전화를 했다.
나도 걸림 없이 있는 대로 답했다.
"이리로 올래? 시방 땡중과 곡차 한 잔 하고 있는데!"

중은 껄껄 파안대소하면서 연신 술잔을 들이킨다.
기분 상한 기색 없이 홍취 나게 잘도 마신다.
가끔 나를 불러내던 그가 그 뒤론 연락이 없다.

술은 마시고 싶고 스님 대우는 받고 싶은 중생
오늘 밤은 또 어디서 위선을 떨고 있을까?
해탈은 무슨 얼어 죽을 해탈!
땡중을 땡중이라 한 것이야말로 초탈이지
진짜 무애행은 절집에서도 반기지 않을걸?

— 2022. 1. 27. 13:03. 구파발역발 여의도행 전철 안에서

꿈에서라도

밤사이 내린 눈
바람결에 고요가 쌓인다.
꿈에서라도
바람이고 싶지 않겠는가?

새벽 갓밝이 여명
구름 속에 박동이 뛴다.
꿈에서라도
구름이고 싶지 않겠는가?

꿈결 속에 피는 꽃
별들에게 아리잠잠 손짓한다.
정말 꿈에서라도
나는 샛별이고 싶다.

— 2022. 2. 1(음력 1. 1 설날). 10:51. 북한산 淸勝齋에서

미운 밥 연작 1

회의 후 자연스레 마주 앉게 된 초로의 여성
어디선가 봤을 것 같은 얼굴이었다.
명함을 받아보니 함자가 '박춘○'라.
"아 저의 장모님과 성함이 완전히 같네요!"
경남 말씨네요라고 했더니 고향이 산청이란다.
순간 직감했다 "아 맞구나!"
그래서 바로 물었다.
"혹시 운○ 누님 아니세요?"
"예 맞아요!"
"누님, 제가 운○ 친굽니다!"
"아, 그래요. 그런데 운○는 하늘나라 갔어요!"
"예에? 언제요?"
"2년 전에요!"

젊은 기들이 아직은 파릇파릇할 즈음
뜻한 바 있어 결행한 늦깎이 유학길
나는 타이완으로, 그는 러시아로 갔다.
모스크바에선 외롭고 외로워서
타이뻬이까지 날아오기도 했었다.
친구가 딱 둘밖에 없던 명석한 철학도는
예술학도인 내가 말이 통한다며 거의 나만 만났다.
젊은 시절 우리가 쏘다닌 서울은 환희로 빛났다.
같이 있다는 사실 하나만으로….

미운 밥 연작 2

운명의 여신이 심술을 부린 것이었을까?
입이 짧아 술로 야위어 가던 꽃미남 친구에게
어느 날 홀연히 나타난 이국 여인
이루지 못할 가슴 아린 그 인연을 만난 뒤로
조금은 건사가 되는가 싶더니
일시 귀국한 뒤 모스크바엔 더 이상 가지 못했다.
생이별에 매일 폭음으로 지낸 세월들
심신이 급격히 고갈되기 시작했다.

고달프게 살던 내가 해줄 수 있는 건 염려뿐
우리가 마지막으로 본 건 30대 후반이었다.
그때도 그는 이미 많이 허물어진 상태였다.
그 뒤 연락이 닿지 않고 또 몇 년이 흘렀다.

외국생활 끝내고 와서 찾으려 무던 애썼지만
그가 살던 집이 바뀌어서 알 수 없었다.
10여 년 전쯤 우연히 친구 형님을 만났다.
"형님, 운ㅇ는 어딨습니까? 연락처를 알려주시죠!"
가타부타 아무런 말씀 없이 식사만 드셨다.
일순, 어디선가 요양되고 있을 거라는 생각이 스쳤다.
심신이 정상이었다면 그는 분명 나를 찾았을 텐데
그런데 이제 여기서 이렇게 만나다니!

내가 곁에 있었더라면 이렇게는 되지 않았을 텐데….
2년 전이었다면 얼굴이라도 보고 보낼 수 있었을 텐데….
밥이 목구멍으로 넘어가는 내 자신이 패고 싶도록 밉다.

미운 밥 연작 3

그날 밤 통화가 된 작은 누님에게 말했다.
"누님, 저 기억하시죠? 운○ 친구 상무이요!"
(중략)
"우린 정말 같이 안 돌아다닌 데가 없었심더!"
파주에서 만나 서울, 인천, 부산, 포항, 울진, 경주로….
누님이 나지막히 흐느끼며 말했다.
"마지막 가기 전 오랫동안 고통스럽게 지냈는데…."
"그래도 친구 덕에 우리 운○에게 행복한 시간이 있었네요!"
나는 오열하는데 그는 말이 없다.
선하고 배우 같은 얼굴 그저 웃고만 있다.
술을 들이킬수록 환영은 풍선처럼 더 커진다.

우리는 스물한 살 때 군대에서 만나
제대 후 20대 후반까지 매일 붙어 다녔다.
천재형 둔재끼리 만나 피붙이처럼 지냈다.
언젠가는 볼 수 있을 거라는 희망이 죄다 사라지고
이제 몸은 떠나보내게 됐지만
곰삭은 기억까지는 모두 보내지 못하겠다.
세월이 또 무심하리만치 흘러야겠다.

홀로 지새는 겨울 새벽녘
한기 도는 거실엔 창살이 파르르 떨고 있다.

- 2022. 2. 7. 04:47. 북한산 淸勝齋에서

사랑은

"당신은 나를 사랑하는 게 맞아요?"
이따금씩 슬쩍슬쩍 투정 부리는 아내
사랑한다는 말을 하지 않는다는 불만이다.

"난 'I love you'를 입에 달고 사는 양키가 아니거든!"
"꼭 사랑한다고 말해야만 사랑하는 줄 아나?"
"사랑은 사랑한다는 말이 다가 아녀."

연일 계속되는 동장군에
세상이 죄다 꽁꽁 언 냉동박제가 되는 엄동설한
베란다에 널린 아내의 내의들도 얼어붙는다.
밖에서 한파에 얼마나 떨고 있겠나!
몽땅 거둬서 따뜻한 아랫목 이불 속에 넣는다.
몸이 얼면 마음도 얼어버릴 테니….
사랑한다는 말로는 소중히 할 수가 없거든
사랑은 말이 아니잖아.

- 2022. 2. 8. 09:32. 국회의사당역행 전철 안에서

어느 시인의 간구

시인은 여느 뭇사람이 아니다.
언어 조탁가이자 화가요, 음악가다.
시가 색 없는 그림, 소리 없는 노래이지만
시인이 정말 아름다운 존재인 까닭은
순정한 영혼을 빚어내기 때문일 터다.

선함에서 우러나온 게 시여야 하지만
글과 마음이 따로 노는 시인이 적지 않다.
시는 도덕군자 같아도 사는 건 위선자다.
말과 행동이 다른 따로국밥 시인이 아니라
인간다운 사람이 진짜 시인이다.

비굴하게 변명하지 않고,
언제든 억울한 약자 편에 서고자 하고,
위험에 처한 이를 보면 어디서든 몸을 던지고,
부귀영화를 뜬구름으로 보는,
사는 것에 구차하게 연연하지 않는 이
부족한 자비심에 늘 자책하는 그런 사람

반나절을 살아도
인간답지 않은 시인으로 살기보다
시는 변변찮아도 사람인 사람으로 살고 싶다.

사람이 아닌 시인은 시인이 아니다.
인간다운 인간이 참 시인이다.

— 2022. 2. 9. 11:57 북한산 淸勝齋에서

그리움이란 이런 건가요?

새벽부터 떠오르는 그리운 얼굴
'그리움'이란 말만으로도
폭포수같이 와락 눈물이 떨어진다.

멀리 흑산도 쪽 수평선만 하염없이 바라본
다산의 심정이 이런 것이었을까?
유배 가 있는 형 약전이 사는 절해의 고도
쪽빛 바다가 아득하고도 한스럽구나.

형이 혼자 살고 있는 내 고향 포항은
매일 수천 명이 확진되고 있는 뭍의 고도
갈래야 갈 수 없어 가슴이 아린다.

형님이 처연히 부르던 '동백꽃 피는 항구'
오전 내내 나는 이 노래만 듣고 또 듣는다.
푸른 파도가 넘실대는 창밖엔
대지를 적시는 봄비도 소리 없이 운다.

− 2022. 3. 13. 10:55. 북한산 淸勝齋에서

不垢不淨

초겨울 도꾜의 두 평 남짓한 노래방 안
만취한 직장 동료가 갑자기 토한다.
안락의자에 기대 누운 채 자신도 모르게
쿨럭 쿨럭, 쿨럭 쿨럭…
가슴팍으로 용암처럼 꾸역꾸역 나오는 토사물
한기 도는 실내에 김이 모락모락 난다.
같이 간 일본 친구들은 못 본 체 노래만 부른다.

나는 바로 윗도리를 벗어 두 손으로 쓸어 담았다.
토해낸 음식물이 더럽고 역하지 않냐고?
더러워할 것도 없고, 깨끗하달 것도 없지
불과 두 시간 전 함께 맛있게 먹은 음식이었는 걸
찰나에도 생각은 오만 가지라 실체가 없잖아.
물이 없나, 비누가 없나?
기름진 손은 씻으면 그만이지
더럽다는 생각이 씻어내기 힘든 걸세.

- 2022. 3. 27. 10:11 북한산 *淸勝齋*에서

목련이 피는 곡절

겨우내 응축된 地氣가
새하얀 순백의 귀감이 될 듯이
파란 허공에 봉긋봉긋
꽃대가 파르르 떨리는 산통 속에
수줍게 발해지는 교합의 소리

이것이 있어 저것이 있고
그것이 있어야 이것이 있듯이
꽃이 잎 되고 뿌리가 열매 되도록
땅과 하늘이 맺어주는 존재의 탄생
겉이나 속살이나 영혼이 보유스름하다.

지상 최후인듯 한껏 부풀어 올랐다가
떨어져야만 건둥그려지는 환생
가슴 떨림은커녕 수치도, 침묵도 없는 이 땅에
홀로 부끄러워 말없이 몸을 떠는 대속
우리 내년엔 모두 고개를 들어 봐요.

— 2022. 4. 3. 18:14. 북한산 淸勝齋에서

덧없는 사죄

"엄마, 그만 자소 쫌! 앉기만 앉으면 조노?"
"아이 참, 버스 안이다 뻐스 안!"

세월이 흘러 모친 돌아가시고
타박하던 아들은 별 고생 없이 잘 지낸다.
그런데 오후만 되면 왜 그리 잠이 쏟아지는지
어디서든 꾸벅꾸벅 조는 일이 잦다.

어무이 나이가 돼보니 이제야 알겠네요.
356일 매일 서너 시간밖에 못 주무시고
평생 시장판 중노동에 얼마나 곤하셨으면….
그때는 몰랐었다, 정말 몰랐다.

파김치가 되도록 일만 하시다 중풍 맞아서
다리를 절뚝거리면서도 장사를 하셨다.
그러다 또 풍이 와서 자식도 몰라본 채 가셨다.
이승에서 남기신 마지막 한 마디
"곱다!"
쉰 다 돼 장가든 아들 며느리 손잡고 하신 말씀

조시던 모습 떠올릴 때마다 가슴이 따갑다.
죄스럽습니다.

정말 죄송해요 어머니!
이젠 계시는 그곳에서 원 없이 주무셔요.

- 2022. 4. 30. 21:23. 북한산 淸勝齋에서

아 우크라이나 여인이여!

군인들에게 집단 윤간당하고
군홧발에 사정없이 걷어차이는 젊은 여성
온몸에 선혈이 낭자해도 겁에 질려
신음소리조차 지르지 못하고
살해될까 두려움에 떠는 눈망울
두 망막에 각인돼 한시라도 잊혀지겠는가?
아 우크라이나 여인이여!

나는 사람의 탈을 쓴 악마를 봤다.
살점이 떨리고 피가 거꾸로 솟구친다.
인간의 악마성에 절규하고 절규한다.
자신이 같은 인간이란 게 한없이 부끄럽다.
사람이란 사실이 이토록 저주스런 적이 없었다.
지금 나는 왜 달려가지 않고 이러고 있는가?
아 가엾은 우크라이나 여인이여!

공포와 수치심이 영혼을 괴롭히더라도
그래도 끝까지 살아남아야 한다.
치욕감보다 응징의 공분이 앞서는 한
하늘이 두 쪽 나고 지구가 갈라져도
악마들은 기필코 전범자로 법정에 세워야 한다.
그때까지는 결연히 싸워야 한다.
비명도 죽어버린 우크라이나 여인,

눈물도 말라버린 우크라이나 여인,
아 우크라이나 여인이여!
내가 할 수 있는 게 아무것도 없구나!

    - 2022. 4. 14. 07:32. 북한산 淸勝齋에서 한 젊은 우크라이나 여인이 일군의 군인들에게 집단으로 성폭행 당하고 나서 사정없이 구타당하고 있는 장면이 찍힌 동영상을 보고 쓰다.

꿈의 이율배반

꿈을 이룰 수 없어 애석한 마음
울어도 왜냐고 묻는 이 없는 세상
못내 서운해도 하릴없이 산다.
다시 되짚어 생각해 보니
꿈이 실현되지 않는 게 되려 다행이다.
삶을 유지시키는 원동력이다.

꿈이 없으면 살아도 사는 게 아닐 테지만
꿈을 이루면 누구든 죽게 돼 있다.
힘겹게 태어난 곳으로 거슬러 올라가
알을 낳고선 미련 없이 죽는 연어처럼,
먼저 간 암컷을 그리면서 홀로 돌본 새끼들이
다 자라면 굶어 죽는 늑대처럼.

이루고, 이루지 못하는 건 별개의 두 세계다.
꿈은 늘 저 산마루에 걸려 있는 무지개다.
그게 없으면 살아도 사는 것 같지 않은 청년이다.
그게 이뤄지면 이유 없이 앓는 노인과 같다.

— 2022. 5. 3. 10:00. 북한산 淸勝齋에서

憤出口

친구는 이름난 시인이다.
가끔씩 오밤중에 술 취해 대뜸 내지른다.
"야 상문아 이 새끼야 씨팔로마!"
이유는 말하지 않고 그 말뿐이다.

뒷 날 사과도 없고 미안해 하는 기색도 없다.
평소엔 점잖은 그가 왜 그러는지 모르겠다.
자기 문제인지, 내 문제인지
그냥 허허 웃으면서 받아 줄 뿐이다.
그리하면 뭔가 맺힌 게 풀어지는가 싶어서
그래서 오랜 친구의 정신건강이
유지되거나 좋아진다면 그걸로 족하다.

나는 친구의 憤出口가 돼도 괜찮지만
그에게 습이 되지 않길 바랄 뿐이다.
한동안 그 소리가 뜸해지면
슬며시 안부가 궁금해진다.
"별일이야 있으려고?"
나는 언제든 야참 먹을 준비가 돼 있다.

　　　　　　　　－ 2022. 5. 11. 10:07. 서울 6호선 전철 안에서

德과 정신건강

많이 베풀어야 덕이 쌓인다고 생각한다.
덕은 속을 다 내다 버리지 않으면 쌓이지 않는다.
이 생각에 세뇌되면 당해도 참는다.
기만당하고 무시당해도 모른 체 하면서 산다.

인욕의 동의어인 덕은 참는 데서 온다지만
덕 쌓으려다 생기는 상처는 뭘로 치유될까?
덕을 베풀려다 오해받거나 뒤통수 맞아서
가슴에 든 시커먼 멍은 어떻게 삭아질까?

살다 보면 참는 게 능사가 아닐 때가 많다.
대가 없는 덕은 단 한 가지도 없어서
친구에게 당하지 않는 것만 해도 큰 덕이다.
배신과 험담에 개의치 않는 게 요체야.
자신을 다치지 않게 하는 거야말로 참덕이지.

- 2022. 5. 11. 10:33. 서울 2호선 전철 안에서

존재의 효용

찬장에 그릇들이 제법 있지만
몇 해가 지나도 한 번 쓸까말까다.
무언의 소리가 들린다.
"주인님, 저는 언제 쓰실 건가요?"

그릇 수대로 친구들 불러 모임을 가진다.
작으면 작은 대로, 크면 큰 대로
나물도 담고 회접시로도 쓴다.
쓰임새에 맞게 쓰는 게 살게 만드는 것이다.
덩그러니 놔두면 존재의 의미가 없다.

만물은 합목적적이 될 때 자기다워진다.
오래 놔둬 썩어서 내버리는 음식들
제명대로 못 살게 하는 짓이다.
사과는 먹히려고 열매를 맺는다.
상어도 먹히려고 잡아먹는다.
먹거리는 먹혀서 다시 태어난다.
제대로 먹혀야 지구가 탈 없이 돌아간다.

그릇은 그릇답게 쓰여야 그릇이다.
제때에 쓰여야 세상이 온전해진다.
저마다 타고난 본분대로 있어야 한다.

— 2022. 5. 14. 08:15. 북한산 淸勝齋에서

1차원적 삶 2

의식주는 눈에 띄는 것만 취한다.
일도 눈앞에 놓인 것만 한다.
보이지 않으면 생각하지 않는다.

무엇을, 어떻게라는 거 없이
계획도 없고 예정도 없다.
다가오는 대로 받아들인다.

아무런 생각 없이 그냥 산다.
살다 보면 살아지는 것이다.
있는 그대로 사는 게 사는 것이다.

비가 와도
눈이 와도
햇볕이 따가워도
바람이 세차게 몰아쳐도
아무런 作爲 없이
군소리 없이 지내는 자연처럼

- 2022. 5. 19. 16:39. 북한산 淸勝齋에서

경계인

이 땅에선 직언하는 자는 죄다 警戒人이다.
이쪽에도 저쪽에도 설 수 없는 의심스런 境界人
회색지대가 없어 마음 둘 곳 없는 驚悸人이다.

"정부미" 땐 바른말 많이 해서 좌파로 몰렸다.
아무리 일을 잘해도 세금 함부로 쓰는 자에게
"왜 국민세금 낭비하냐"고 말하는 순간 빨갱이가 된다.

"국뺑부" 다닌다고 진보 측에선 우파로 봤다.
모임에서 처음 만나 호감 갖고 얘길 나누다가도
내민 명함을 보면 슬그머니 얼굴을 돌린다.
심지어 좌파로 가장한 우파 프락치로도 봤다.

그렇게 강산이 바뀌고도 남을 만큼 살았다.
이마엔 천형처럼 주홍글씨가 새겨져 있다.
패거리들의 집단 무지와 탐욕에
설 자리를 거세당한 비감과 통한의 날들
산다는 게 뭔지 서글퍼지면 자기연민에 홀로 서럽다.

술살 오른 앙상한 경계인이 설 곳은 금생엔 없다.
잠시 구름에 얹혀 허공에 떠 있을 뿐.

– 2022. 6. 9. 15:30 북한산 淸勝齋에서

한때

야비하게 기만하고선 그는 가버렸다.
언약은 세상 전부인 듯 해놓고
돌아서는 건 한순간이었다.
몸이 떠나면 마음도 떠난다.

한때 사랑이 들불로 타올랐을지라도
변절의 각혈에 피를 토하듯 쓰러진 채
긴 세월 생령이 빠져나간 미라로 산다.

고름 속 회가 뽑히듯 情念이 뽑혀버리면
환희의 달빛도 고목같이 말라버리고
소금에 절여진 배추처럼 숨이 죽은 추억에
누구에게든 함부로 다가서지 못한다.

흘러간 강물처럼 잊은 듯 살지만
어치피 인생은 혼자라고 달래면서
아물지 않는 상처를 몇 겹이나 도려내도
고갈된 영혼엔 새살이 돋아나지 않는다.

- 2022. 6. 12. 07:49. 북한산 淸勝齋에서

내 탓인 걸

어릴 때부터
동무들은 다 좋고 선량하게 보였다.
세월이 지나면서 보니
친구들 중에도 추한 인간들이 많더라.
인간사가 그렇다는 걸 모르고 살았을 뿐
더러운 인간은 뉴스에서만 보는 게 아니다.
바로 자기 주변의 그들 중에 있더라.

지인이라도 못된 구석은 알아야 한다.
싫은 자여도 선한 면이 있으면 인정해야 한다.

남 탓하면 뭣하겠나?
모든 게 내 탓이지!
나이 들어 늦게 알게 된 자신이 문제지.

- 2022. 6. 17. 08:44 북한산 淸勝齋에서

夫情

산지에서 당일 부쳐 받은 자연산 막회
지인들 여럿이 함께 맛있게 먹는데
시종 한 사람 얼굴이 어른거린다.

밤늦게서야 모임이 파한 뒤
서둘러 따로 남겨놓은 걸 들고 귀가하는데
오늘따라 지하철이 와 이리 굼벵이고?
더 늦으면 오늘 밤엔 맛을 못 볼 텐데….
회는 싱싱할 때 먹어야 제맛인데….

얼음이 녹는지 애간장이 타는지
고향에서 온 아이스박스가 흔들리는데
달리는 차 창 밖 어둠 속에서
살포시 웃고 있는 능소화 한 송이

　　　　　　　- 2022. 6. 20. 21:37. 구파발행 전철 안에서

구룡포 醉歌

오랜 병상에서 미음을 입에 댄 병자처럼
입새에 들어서기도 전에 벌써 생기가 돌고
박동이 경마장 말처럼 뛴다.
오자마자 들이킨 빼갈에 취기가 돌아서
일 없는 탕아가 마을을 어슬렁거리듯
세 치 혀로 오후를 구석구석 핥는다.
방파제 구멍으로 토해내는 인정
온통 붉은 소리로 우는 구룡포 앞바다

숨은 비경 東海九景 강사 해안에서
멀리서 달려온 친구들과 함께한 술자리
술이 술을 먹고 술이 사람을 먹는가?
이백의 달이 뜨고 두보의 애환이 녹는다.
비 뿌리는 살모사바위는 님이 잠든 곳?
해무에 잠긴 장길리포구는 꿈속 나폴리?

연짱 사흘 간의 비몽사몽에
물새들이 취했는지 객이 취했는지
끼룩 끼룩 울음이 죄다 흰색으로 들리고
부슬부슬 선창가 니나노집 작부처럼
눈 맞은 손님에게 주저 없이 옷고름 풀 듯
돛단배들도 흐느적거리며 육신을 연다.

바다가 하늘로 오르고 땅이 치솟는다.
하늘이 내게 달겨드는지, 내가 덤벼드는지….

- 2022. 6. 26. 11:09. 구룡포 장길리 바닷가에서

다중 속 고독

만인에 대한 만인의 투쟁이어서가 아니다.
자기보다 조금이라도 잘났다 싶으면
눈 뜨고 못 보는 인간들
끼리끼리 험담하면서 자기 위안으로 삼지
대개는 자존감 없거나 순정치 못한 탓이지.

아직도 한국인은 배고픈 건 참아도
남 잘돼서 배 아픈 건 참지 못한다.
친구나 가까운 고향사람들도
배가 고픈지 아픈지 알 수 없기는 매한가지.

날 저문 해는 어디서든 안길 데가 없다.
몸 눕혀 마음 붙일 곳 없는 낮달처럼
소리를 같이 내어도 틈새 있는 갈대들처럼
관객 빠져나간 텅 빈 객석 앞에 선 가왕처럼
늘 적막강산에 혼자인걸

홀로 피어 야멸찬 비를 맞는 백합이여,
더 이상 아파하지 마라.
한 떨기 숨죽인 찔레꽃이여,
더는 울지 마라.
떡갈나무 서리 맞는 일도 이제는 끝나가니.

— 2022. 6. 29. 12:09. 북한산 淸勝齋에서

말뿐인 사람들

"고맙습니다. 나중에 밥 한 번 먹읍시다."
"수고했습니다. 언제 소주 한 잔 합시다."
"장관을 소개해 줄게요. 말이 통할 듯해서요."

자기 입으로 말해놓고 지키는 이는 드물다.
까마득히 잊고 사는 자들이 십중구구다.
언제 그랬느냐는 듯 긴장 없이 잘도 산다.
말한 건 기억해도 귀찮다고 뭉개버리기도 한다.

말뿐이거나 말이 앞서는 사람들
그들이 정치인, 장차관이나 대통령이 되면
더 큰 규모의 식언을 하게 되는 것이다.
거짓뿌렁 일삼는 것과 뭐가 다른가?

작은 언약이라도 지키려 애쓰는 분은
절대로 국회의원이 되지 못한다.
대통령은 더더욱 되지 못한다.

그들이 남발하는 나중은 언제일까?
그 언제는 언제가 될까?
그들에겐 영원히 오지 않을 것이다.

헛인심 남발이 오물처럼 넘쳐나는 세상
이 나라가 유달리 말 많고 시끄러운 이유다.

 - 2022. 6. 29. 13:50. 남부터미널행 전철 안에서

시소

함께 즐거우려면
올라가줄 줄도 알고
내려가줄 줄도 알아야 해.
평형 상태로 뻗대면 안 돼.
오르락 내리락도 같이 해야 돼.
인간사도 그래야 할 걸.

— 2022. 6. 29. 16:27. 서울 삼각지에서

영원한 황홀

날것들이 암수 한 몸이 된 채
내가 술 마시고 있는 창가로 날아든다.
문득, 그 머시고 거시기
태평양 바다에서 신랑 등에 올라탄
신혼여행 신부가 날아온다.

아 刹那의 황홀 영원한 찰나
찰나여서 영원한 황홀경
그대로 떨어지지 말지어다.
엉겨 붙은 러브버그여
탄트라의 세계여!

— 2022. 7. 1. 15:23. 북한산 淸勝齋에서

죄 사함

어릴 적 '밤소풍' 다니던 곳들을 찾아다녔다.
아직도 그 신발 상회가 있는가 싶어서,
지금도 호빵 팔던 그 구멍가게가 하는가 싶어서,
대만에 가서도 세 들어 산 집을 찾아가봤다.
혹여 그때 살던 이가 그대로 살고 있을까 싶어서….

절에도 가고, 교회에도 가보지만
회개하고 신께 죄 사함 받았다고 끝나는 게 아니다.
도둑맞은 운동화, 호빵찜통, 현금은 누가 보상해 주나?
피해자에게 용서받지 못하는 죄는 없어지지 않네.
수십 년이 지나 주인은 잊었다 해도
죄책감은 고스란히 남아 있다.
죄업은 마음뿌리에 포도알처럼 붙어 있다.

떳떳함도 스스로 타협한 일시적인 것일 뿐
오직 이타행의 回向만이 속죄가 된다.

- 2022. 7. 2. 06:07. 포항 고향집에서

감은사지 석탑

좌우 대칭의 3층 석탑이여
뼈만 앙상하게 드러난 상륜부
제 살로 번뇌를 태웠구나!
천년 영화는 온데간데없고
가을 들녘에 선 허수아비마냥
야윌대로 야윈 불심만 남았네.

허물 벗어 들숨날숨 삼매에 빠져
육신의 거죽 태워 빛나는 샛별처럼
은하의 기를 온몸으로 받아서
찬연히 빛날 무구광정대다라니여,
효심이 발원한 대왕의 호국 感恩이여,
이 땅을 영원히 고르게 비출지어다.

— 2022. 7. 8. 23:42. 북한산 淸勝齋에서

눈에 보이는 게 다가 아녀

우람한 체구의 어느 청년
걸핏하면 악성 빈혈로 어지러워한다.

시선을 잡아끄는 어떤 미인
때로 간질병 발작으로 입에 거품을 문다.

남루한 행색의 모 칠순 노파
대학에다 수백 억대 재산을 기부했단다.

한 손과 하반신 없는 한 부부
정신은 사지 멀쩡한 마음불구자보다 건강하다.

호수에 유유히 노니는 백조 한 쌍
물속에선 두 발을 쉼없이 움직인다.

세상은 제 눈에 보이는 게 다가 아니다.
보이지 않는 걸 보는 望診으로 봐야 한다.
누구에게 다 있는 게 아니어서 문제다.

- 2022. 7. 10. 22:27. 북한산 淸勝齋에서

세상인심 2

육순 중반에 친구가 박사학위를 취득했다.
회사 운영하면서 받은 거라서 더욱 값지다.
이 기쁜 소식을 동기회 밴드에 올렸다.
헌데 몇 날 며칠이 지나도
누구 하나 축하 댓글 다는 이가 없다.

나이가 들어가면서 귀찮아서 그런지
돈도 벌고 박사도 된 게 배가 아파서?
축하 댓글 달면 자신이 아부하는 걸로 비칠까봐?
학위취득 소식 축하글을 올린 자가 미워서?

정말 이유를 알 수 없구나!
인간성 나쁘지 않고 인심도 잃지 않았다.
동기, 동문회장 맡아 기천만 원씩 쾌척도 했다.
밥 사고 술 살 땐 와자지껄 많이도 모였다.
염량세태는 인간사 고금동서의 진리다.

동기라 해도 속을 알 수 없는 건 매한가지
인간이란 게 원래 그런 존재인지
알고도 서로 모른 체 눈치만 살핀다.
남들 앞에선 못 본 체하고 뒤로는 친한 척한다.

자존감 없이 사는 자들이 의외로 많다.
이 짧은 인생에 정녕 그리 살아야만 할까?

- 2022. 7. 13. 12:15. 북한산 淸勝齋에서

어색함 속에선

어디에서든 처음 보는 옆자리에서
서로 말이 없으면 대개는 서먹해한다.
가만히 앉아 있으면 어색한 침묵이 흐르고
간혹 헛기침도 나온다.
일이 끝날 때까지 핸드폰만 보는 이도 있다.

서로 인사가 없어도 어색함을 불편해할 거 없다.
서먹함 없애려 내키지 않는데도
말을 붙이는 건 가식이고 결례다.
사람에 대한 참배려도 아니다.

자연스런 무관심을 나쁘게 볼 거 없다.
그 사람을 싫어할 필요는 더더욱 없다.
생각은 사람마다 다르다.
사는 방식도 제각각이다.
서로 다름을 존중하면 그걸로 족하다.
대중 모임에서 잘 익은 침묵을 익힌다.
묵언 속에 마음이 한 뼘씩 자라는 법이다.

– 2022. 7. 14. 10:58. 북한산 淸勝齋에서

자존의식

나훈자는 나훈자일 뿐이다.
나는 어쩌다 그의 노래를 듣게 될 뿐
열광하거나 쫓아다니는 광팬은 아니다.
가요는 기능이어서 아무리 잘 부른다 해도
관심은 가하지만 추종까지 할 건 아니다.
무슨 가왕이랍시고 떠받들 것까지도 없다.
노래는 뛰어날지 몰라도 사는 건 별개다.
그냥 허물 적지 않은 한 인간일 뿐이다.

정치인은 선한 시민보다 못한 자가 9할 이상이다.
그들이 국민이라는 추상성을 우롱해도 지지한다.
질책이라곤 모르는 골빈당들의 팬덤이 근본을 망친다.
지배욕의 다른 형태인 그것에 정신이 좀먹힌다.

폭팬이 되어 정신줄 두고 쫓아다니기보다
혼자서라도 생각을 보듬는 존재여야 한다.
독립된 자아가 자존적 인간관계를 맺는다.
그것이 사회를 건강하게 만든다.

대통령은 대통령이고, 멀대는 멀대일 뿐
생각이 홀로 서는 존재가 돼야 한다.
나훈자는 나훈자이고 나는 나일 뿐이다.

— 2022. 7. 19. 08:51. 북한산 淸勝齋에서

샛별 부부

곁에 있어도 한세월
떠나가도 한세월
육신이 떠나면
먼저 가는 부는 뒤 돌아보지 마라.
남겨진 부는 눈물을 보이지 마라.
中陰神이 구천에서 떠돌지 않도록

먼저 간 이가 기억에서 희미해지고
몸이 떠났다는 생각도 떠나고 나면
무엇으로 살아갈까?

원앙 같은 한 쌍이라도,
궁합이 찰떡같은 부부라 해도
세상 인연 다하면 저마다 홀로 간다.
새벽하늘에 지는 샛별처럼….

    - 2022. 8. 11. 13:30. 포항 달전 기차역 대합실에서
     문득 떠날 걸 생각하니 떠올라서 쓰다.

우주 정복을 하겠다면

바다가 넓다 하나 하늘에 비할소냐.
겨자씨만 한 인간들이 우주를 정복하겠단다.
달나라 옥토끼들은 이제 어데로 가란 말인고?
나원 참, 있는 지구만이라도 잘 가꿀 것이지.

헌데, 말린다고 멈출 우주정복이 아니라네.
경쟁에 뛰어든 나라들이 저마다 기업에 업혀서
한껏 욕심에 부풀어 있으니 말일세.

오냐, 내려놓지 않을 우주정복이라면
지구인으로서 모두 합심해서
후쿠시마 오염수를 혹성에 갖다 버려라.
사욕에 쩐 정치꾼들도 싸그리 데려가거라.

- 2022. 8. 13. 10:02. 북한산 淸勝齋에서

초가을소풍

하늘이 제 발로 담겨온다.
손에 든 크리스탈 포도주잔에
몰디브에나 있을 compose blue가
살포시 낮달의 자태로 북한산 자락에 누웠네.

쓰르라미 쓰르쓰르 노래하고
등잔불 아래서만 들리는 가을소리
소곤소곤 우주와 교감하는 메시지
무슨 곡절인지 우리는 알 수 없지만
몸에 감기는 산들바람이 비단옷을 입었네.

아내와 함께한 초가을 소풍
산모기들이 이 몸 여기저기 침을 바른다.
따끔하지만 기꺼이 육보시하련다.
엿다! 오늘만큼은 원 없이 빨려무나.
니들도 초식만 하다 별미 맛볼 때도 있어야지.

- 2022. 8. 28. 03:18. 북한산 淸勝齋에서

두 가문

뉘 집인진 모르겠다만 대단한 가문이다.
후손들이 저리도 조상을 잘 모시니.

중시조인 듯 봉분묘가 맨 위에 자리하고
그 아래로 차례차례 후대 조상 비석들이
묘들과 함께 빼곡히 들어서 있다.
땅속 파고들다 만 벙커버스터 미사일처럼
여러 기가 산자락 곳곳에 꽂혀 있다.

공명도 좋고 人死留名도 좋다지만
혈이 뚫린 땅이 아프지 않을까?
말 없는 신음 소린 듣지 못하는가?

세월 지나면 다른 후손 묘비들은 어쩌나?
산자락 아래 마을에까지 앉히려나?
참으로 대단한 집안이다.

누구나 남기고 가는 한 줌 가루
뼛가루를 바다에 뿌린 부모님 얼굴이 떠오른다.
내가 따라 누울 자리도 그곳이다.

- 2022. 8. 28. 04:02. 북한산 淸勝齋에서 雲靜

※ 위 졸시는 『純粹文學』 2023년 6월호에 실렸다.

거목

벌레들이 갉고 새들이 쪼아대도 꿈쩍 않는다.
천둥 번개 치는 비바람에도 의연하다.
태풍이 휘몰아쳐도 뿌리는 뽑히지 않는다.

거목은 자신이 거목임을 아는지 모르는지
잡새들 지저귐이 난무해도 꺼둘리지 않는다.
인간이 상찬한다고 해서 교만하지도 않는다.

어디서든 뛰어나면 시기와 험담이 따르고
어리숙하면 비방도 없고 모함도 없다.
허물도 없고 잘난 것도 없는 게 좋다.
세상사 동서고금 현자의 가르침이지.

큰 나무는 잎이 많아 바람 잘 날이 없다.
큰 사람이라야 큰 나무를 있는 그대로 본다.
거목은 늘 뿌리 깊은 나무답게 꼿꼿이 서있다.

— 2022. 8. 30. 02:17. 북한산 淸勝齋에서

상어야 미안하다

상어는 부레가 없어
지느러미로 쉼 없이 헤엄친다.
그래야 죽을 때까지 살 수 있다.

바다에 버려진 상어는
지느러미만 모두 떼이고
고통스럽게 흐느적대다 이내 죽고 만다.
그렇게 죽어가서 지금 멸종위기다.

상어들이 비명도 없이 죽어갈 때
인간들은 값비싼 '샥스핀' 요리를 즐긴다.
스프에 쳐진 양념 맛인 줄도 모르고
지느러미 맛이 아니란 걸 모른 채
상어멸종이 자기와 뭔 상관이란 듯이.

상어야 미안하다.
정말 미안해
한 때 모르고 나도 샥스핀을 맛있게 먹었어.

— 2022. 9. 8. 12:17. 북한산 淸勝齋에서

※ 위 졸시는 『純粹文學』 2023년 6월호에 실렸다.

원죄

단돈 50만 원 들고 떠난 유학시절 초기
이내 돈이 떨어져서 밥 먹듯이 굶었다.
피골이 상접하고 몸이 10kg이나 빠졌다.

우연히 세든 집 공동화장실에 들어갔다가
돈 묶음이 보이길래 갈등 끝에 집어 들었다.
그 땅을 떠났다고 해서 잊어지는 건 아니었다.
곤고한 세월 혼자서 많이 울었다.

공부 끝나 직장 잡고 월급 받기 시작하면서
지은 죄 못 잊어 여기저기 국내외에 기부도 했다.
원래 씀씀이가 작지 않던 손이라
남 돕는 일에는 형편보다 더 쓰곤 했다.

돈 주인이 누군지는 지금도 모른다.
찾아볼래야 찾을 수도 없다.
적잖게 돕고 베풀어도
무단으로 쓴 돈은 갚지 못했다.
아무리 뉘우쳐도 사라지지 않는 원죄
당사자에게 용서받지 못하는 한 무덤까지 간다.
얼굴 알 수 없는 게 행인지 불행인지 모르겠다.

— 2022. 10. 10. 06:56. 고향 포항집에서

미친 세상 살아가기 1

가짜 국가유공자, 학위자들이 버젓이 행세하고
돈으로 사고파는 상들이 넘쳐나는 거짓 사회
대기업들 수천억 상속세 포탈해도 모르쇠 국세청
기업이 산업폐기물 몰래 버려도 광고주라 눈 감는 언론

기소하고 안하고는 지들 맘인 이현령비현령 검사들
언론에 유죄라고 흘리면서 권력 눈치 보는 검찰
정권 바뀌면 이번엔 무죄라는 또 다른 검찰
어느 검찰 말이 진실인지 당최 믿을 수 없는 세상

판결 잘못 내려 억울한 피해자들이 넘쳐나고
법을 농단하고 책임지지 않아도 되는 판사들
피해자보다 피의자 인권을 더 중시하는 검사들
피해자에게 피해사실 입증하라며 뒷짐 지는 경찰

국정조사만 하면 진실은 실종되고 걸레가 되는 사건들
이 당 저 당 오가는 철새 도래지가 된 정치판
병역면탈, 부동산투기, 논문표절,
다운계약서와 위장전입은 기본
온갖 추잡은 파렴치한 짓을 다 하고 살아도
선거나 청문회에서 사과 한 번 하고 넘어가선
장관 되고 대통령 되는 도덕 불감증의 나라

위중해도 그만인 고위 공직자, 대통령 후보
그래도 괜찮은 게 모두가 하는 거짓말이니까!

미친 듯 돌아가는 세상에선 같이 미쳐야 살 수 있다.
그런데 미치고 싶어도 미치지 못해 정말 미치겠다.

- 2022. 10. 13. 16:11. 여의도 국회의사당역에서

미친 세상 살아가기 2

한 사람이 집을 천 채 가져도 문제없는 국가,
전과자들도 의원들이 되고
부동산 투기꾼도 고위 공직자가 되는 나라,
가짜 학위로도 당대표까지 해먹는 정치계,
이등병도 하지 못한 자가 국군을 통수하고
뻑하면 비대위원장을 밖에서 모셔오는 정당들,
그러려면 애시 당초 당은 왜 만드는가?

나라 안에 외국 스파이들이 득시글거려도
간첩은 없다고 잘라 말하는 정치지도자,
요즘 세상에 무슨 부정선거가 있냐는 정치인,
최소한의 이성도 작동되지 않는 인간들
윗물이 맑아야 아랫물이 맑다는 말은 옛말
지금은 아래위 할 거 없이 모두 썩은 세상

외과를 기피하니 수술할 의사가 없다.
수술 않고도 돈 많이 버는 과로만 몰린다.
뭘 하려는지 청년들로 미어터지는 로스쿨
물가상승을 기회로 옳커니 하고
음식 값을 마음껏 올리는 식당주인이나
막걸리를 맥주 값으로 파는 술집주인이나 모두
증여세 포탈하는 재벌 3세 욕할 게 없지.

온통 미친 듯이 돌아가는 세상에
살아가려면 같이 미쳐야 산다.
그런데 미치려 해도 미치지 못해서 정말 미치겠다.

- 2022. 10. 13. 16:54. 여의도 국회의사당역에서

떠나는 것들에게

잘 가라 사라지는 모든 것들이여,
형체는 없어져도 숙업 따라 돌고 돌 것이여,
바람은 지나가도 또 비가 내릴 터이니
태양계가 소멸할 때까지 안녕히!

죽음이 예비 돼 있어 삶이 삶답고
삶이 삶다워야 죽음이 죽음다워지는 법
죽음이 죽음다워야 삶이 삶다워진다네.
떠난다는 의식 없이 사라지는 것
온전한 無化는 더 없는 축복이라네.

모든 걸 내려놓고 간다는 생각 없이 가세.
이 땅에 한 조각 아쉬움도 떨구지 말고,
미련의 이삭도 한 톨 남기지 말고,
허공처럼 흔적 없이 사라져야 한다.

마른기침에 가을바람 쓰러지듯
예외 없이 돌아서는 뒷모습들에게
순간은 슬플지라도 미소로 보낼지어다.
머잖아 자신이 그렇게 떠날 것이리니.

— 2022. 11. 4. 11:59. 고향 포항에서 텅 빈 들판을 보고 쓰다.

부부 인연

갠지스강변 모래알처럼 많은 사람들 중
남녀가 부부로 만난다는 건
칠흑의 캄캄한 망망대해에서
파도에 휩쓸려 사경에 빠진 조난자가
거북이 등에 업히기만큼 어려운 일이다.

부부란 돌아서면 남남이지만
그러기 전엔 혈육보다 더 가깝다네.
자신보다 배우자가 먼저인 유일한 관계
끝까지 생사고락을 함께 할 사람

살 부비며 살아온 지난 세월
미운 정에 고운 정이 새살처럼 돋아나
얼굴만 떠올려도 마음이 짠해지는 연륜

세상 인연 다하는 날
어찌 헤어질까 생각하면
서로 늙어가는 모습에 코끝이 시큼해져서
괜시리 고개 돌려 허공을 쳐다보는데
수만 겁 전생담들이 술잔에 피고 진다.

― 2022. 11. 30. 14:37 여의도 국회의사당 앞
횡단보도를 건너면서 스쳐가는 생각에 쓰다.

인간의 가식

종교인들은 천당이 좋고 극락이 좋단다.
종교에 귀의해서 평안을 찾았단다.
믿음이 독실하다고 자랑하고 뻐기기도 한다.

그런데 성직자나 신도들은 다들
그리 좋다는 그곳엔 왜 빨리 가려 하지 않을까?
믿는다면서 오래 살려고 발버둥 치는 이도 많다.

나 역시 일찍 죽는 건 싫다 싫어.
천당도 싫고 극락에도 가고 싶지 않다.
시궁창이어도 이 세상이 좋다.
지옥 같아도 이곳에서 살 만큼 살다 가련다.
그런데 세상사 원대로 되는 게 있나?
벌써 또 한 해가 지나가네, 제기랄!

— 2022. 12. 16. 07:45. 북한산 淸勝齋에서

행복의 상태

불행은 본인 의지와 별개로 오가지만
행복은 비교하지 않고 마음먹기 나름이다.
불행이 아니면 그 상태가 행복이라네.

살아가면서 부족한 걸 하나씩 채워가는 삶
손에 잡히진 않아도 그게 행복이지.
한때 끼니를 걱정하던 시절도 있었지만
이젠 굶지 않고 집까지 있으니 그게 어딘가?
큰 병 없고 번민 없으니 더 바랄 게 없다.
모자라는 덕성은 계속 키워나가면 된다.

행복은 딱히 실체가 있는 게 아니다.
욕심 없이 분수껏 만족하며 사는 거라네.
순간 순간 자신이 고요와 하나가 되면서.

— 2022. 12. 16. 09:32. 북한산 淸勝齋에서

출가 사양의 변

저 정도라면 나도 못할 건 아니었다.
그럼에도 출가 권유를 사양했다.
그것도 십 년 터울로 두 번씩이나.

계도 옳게 못 지키면서 깨끗한 척,
자비심도 없는데 자비로운 척,
法器도 아닌데 깨달은 척하며,
스님입네 하는 게 천성에 맞지 않다.

참자기를 찾는다면서 사바세계는 왜 피하나?
진흙탕에서 연꽃이 핀다는 걸 모를까?
해탈하려고 스스로 구속시키다니
절집 율에 맞춰 사는 것도 싫었다.

求道란 게 형식만은 아니잖아.
깨달음은 꼭 멀리 있는 것도 아냐.
道는 도가니탕에도 있다네.
아직은 순 채식만 하기가 싫은걸!
술도 끊고 싶은 생각이 없는걸!

그래도 한세상, 이래도 한세상일세.
차나 한 잔 하지 그래!

— 2022. 12. 18. 08:08. 북한산 淸勝齋에서

아듀 2022!

한 해가 저무는 마지막 날 밤
칠흑 하늘에 기일게 별똥이 지고
잔설 희끗한 지상엔 삭풍이 분다.

어둠이 인간들에 지쳐서 곤히 자고
홀로 술잔을 기울이는데
정수리에서 빠져나가는 한 줄기 넋
잘 가라.
다시는 올 수 없는 것들이여.
잘 가라.
나를 아프게 만든 것들이여.
잘 가시오.
우리를 슬프게 한 것들이여!

익숙한 것들을 떠나보내는 밤
뼈마디에 자랄 그리움은 남기련다.
채우지 못한 여백은 가져가련다.
아듀!
다시 못 올 2022 임인년이여!

- 2022. 12. 31. 22:07. 북한산 淸勝齋에서

세뇌된 관성

똥은 똥이고 씹은 씹일 뿐이다.
그런데 비속어라고 언론에서 못쓰게 한다.
대신 '대변'과 '성관계'나 '섹스'를 쓰란다.
한자어와 외국어는 정상이라는 소리다.

'똥'은 더럽고 '대변'은 깨끗한가?
'똥'이라 부르면 쿨내가 진동하고
'대변'이라 부르면 똥에 향내가 나는가?

'씹'은 추하고 '성관계'와 '섹스'는 고상한가?
'씹'이라 부르면 쾌감이 생기지 않는가?
'섹스'라 부르면 오르가즘에 다다르는가?

생명체의 자연스런 생리현상을 뜻하는 것임에도
왜 순우리말은 상스러운 걸로 낮춰보고
한자어나 외래어는 고상한 것이라 생각할까?
미국에선 'sex', 'shit'를 그대로 쓰고 있다
이 단어들은 저속하지 않다는 것인가?
미국인들도 저질이라는 소린가?

집단무지에 이끌려 터부시 당하는 우리말들
세상을 탁하게 만드는 인간들의 가식

언어에까지 스며든 사대의식과 상하관계
원초성과 질박함은 덧칠할 게 아니라네.

- 2023. 1. 2. 05:12. 북한산 淸勝齋에서

나는 너에게

창공에 달이 보이지 않는다고 없지 않듯
보이지 않는다고 없지 않는 별처럼
정말 소중한 건 눈에 띄지 않는 법이다.

마음으로 보아야만 보이는 것
내 마음속에 네가 있듯이
마음으로 어루만져야만 선연히 보여
나는 너에게 그런 존재로 남고 싶다.

- 2023. 1. 6. 08:07. 북한산 淸勝齋에서

혼술의 효용

빼갈 한 병 비우면서
겨울밤이 이토록 뇌살적일 줄이야.
한 잔,
두 잔,
세 잔….

나갈 건 거진 다 빠져 나가고
인간 말종들만 병목에 걸려 바둥댄다.
벗어나려 용 써봤자 술병 안이다.
생사여탈권은 내 손안에 있소이다.

또 한 잔, 두 잔
천천히 마신다.
분노도 알콜처럼 증발된다.
혼술의 정신 승리
털어내는 자아, 털리는 에고 사이에
빈 병들이 볏단처럼 쌓인다.

— 2023. 1. 9. 04:43. 북한산 淸勝齋에서

장기천 둑방길

꽃다운 나이에 장기로 시집온 외숙모
시집살이 수년이 지나도록
아이가 생기지 않아 남모르게 애가 탔다.

칠거지악 인식이 남아있던 그 시절
시댁 식구들이 씨받이 후사를 얻으려 하자
말없이 어린 생질 손잡고
시댁 큰집이 있는 용전으로 가는데
서편제 소리가 허공에 흩날리고
허허벌판 장기천 둑방길엔 샛바람이 찼다.

세월이 흘러 어느덧 고희를 눈앞에 둔
생질에게 날아든 황망한 부고 한 통
외숙모 상이 이미 치르졌다는 말에
부슬부슬 비 내리는 선창가에서 종일토록
둑방 걷던 새색시 고운 모습이 아른거리는데
구룡포항엔 겨울 보슬비가 그칠 줄 모른다.

- 2023. 1. 14. 05:59. 보슬비가 내리는 구룡포 선모텔에서

※ 위 졸시는 『PEN문학』 2024년 5-6월호(Vol. 179)에 발표되었다.

겨울 三千寺

三千大千世界는 부처의 손바닥이라
펴면 施無畏印이요,
오므리면 석가세존의 白毫로다.
북한산 삼천사도 불타의 들숨날숨인걸
고타마 시타르타가 신라에 가부좌 튼 천년고찰
명이 긴 건 擦柱 사자들의 護法 덕일까?

뭣으로 莊嚴 됐든 화엄세계는 혈이 돌아야지
32상 80종호에도 없는 如來의 피는 희었던가봐
이차돈의 흰 피처럼 마음을 새하얗게 적시니 말이다.
피는 영육과 혼백의 異化라
大雄의 영혼도 32상엔 없지만
아마도 붉은 것인가봐.
풍경소리로 한 떨기 동백꽃을 피우니 말이야.

석가모니의 소리가 보인다는 삼천사에
無上士의 자비로운 입김이 눈꽃으로 피고
골마다 白虎의 터럭 결로 빗어지누나.

　　　　- 2023. 1. 15 오후 아내와 함께 북한산 삼천사에
　　　　　갔다 와서 1. 16. 09:18 쓰다.

눈꽃 이별

늦가을에 찾아든 희떠운 사람
정들자 이태도 채 안 된 어느 겨울
눈꽃이 천지에 흩날리던 날
쭈뼛쭈뼛 고개 떨구며 떠나려 하네.

꽃가락지 약지에 끼워주던 님아
미련 없이 뒤돌아보지 말고 가셔요.
저는 염려하지 말아요.
살다 보면 살아지겠지요.
부디 새 인연 만나 행복하게 사셔요.

입술을 깨물다 깨물다
고개 돌려 하늘을 쳐다봐도
그치지 않는 뜨거운 눈물

시큼한 잿빛 하늘에
후두둑 후두둑 바람에 지는 눈발
눈꽃 속에 떠나가는 애달픈 사랑

― 2023. 1. 17. 05:16. 북한산 淸勝齋에서

구룡포 부둣가 회 써는 아지매

동틀 무렵이면 구룡포 부둣가엔 사람 냄내가 난다.
수십 년간 한자리에서 회 썰어 파는 아지매
쓰싹 쓰싹 날렵한 손놀림에
마파람도 어깨가 들썩들썩한다.
육질 좋은 막회에 술 당기게 만드는데
밤새 얼그리한 주당들 해장술에 골로 가지.

자식 둘을 고시와 공무원시험에 합격시켜놔도
업보처럼 평생 해오는 일은 달라질 게 없네.
출세한 두 아들에게 받는 호강도 좋지만
장삿돈 만지는 재미는 해보지 않으면 몰라.

간밤에 파도가 쳤다는데 오늘은 횟감이 났겠나?
부두는 삶의 엔돌핀을 지피는 부싯돌인 걸
초로의 노파는 사시사철 이 자리에만 앉으면
근심이 썰려 나가고 애환이 녹아내린다.
바다가 젖줄이고 쉬이 늙지 않는 까닭일 테지.

쓰윽 쓰윽 시름을 써는 쉼 없는 칼질에
바다 회오리바람일 듯 쉬쉭 지나간 한 세월
시방 구룡포 선창가엔 전설이 쌓이고 있다.

- 2023. 1. 21. 10:21. 구룡포 부둣가에서

새해 아침 구룡포인들이여

올해 토끼해에는
검푸른 동해바다 용왕이 보내는
용틀임으로 타오르는 불덩이 하나
가슴에 품고 살지 않으면
구룡포 사람이라 말하지 말라.

이 나라 동쪽 땅끝마을 동경 129도 3510
지구가 스스로 돌고 돌아서
해가 가장 먼저 뜬다는 구룡포잖느냐!

새해 계묘년에는
감청빛 천계의 옥황상제가 보내는
휘영청 세상 비추는 달덩이 하나
마음에 품고 살지 않으면
구룡포인이라 하지 말지어다.

석병리 돌병풍이 붉은 해를 품듯이
아홉 마리 용이
여의주를 입에 문 구룡포잖느냐!

- 2023. 1. 21. 11:45. 구룡포 석병리에서 초고
1. 22. 03:45. 경주 보문단지에서 퇴고

小人杯와 小人輩

큰 그릇은 작은 그릇을 담을 수 있다.
담겨도 본질이 변하지 않기 때문이다.
허나, 큰 인간은 작은 인간을 담을 수 없다.
작은 인간이 담기려 하지 않기 때문이다.

인간을 그릇으로 보는 건 비유일 뿐
인식론적으론 가능해도 현실에선 맞지 않다.

大人輩는 小人輩를 담으려 할 게 못 되네.
소인배는 포용해도 담기지 않으니 허사일세.
되려 비방이나 해코지로 뒤통수 맞기 일쑤지.
언제든 손해다 싶으면 바로 본얼굴이 나오지.

대인배라도 소인배에겐 소인배처럼 대하게
감화되면 천성이 바뀔 거라는 생각은 금물일세.
그들에겐 감화의 나무란 게 자라지 않는다네.
선업의 뿌리가 없거나 약하기 때문이지.

부처도 인연 없는 이는 교화 못시킨다 했어.
소인배는 대인배에게 담기는 그릇이 아녀.

小人輩는 小人杯도 되지 못하는 존재라네
小人杯는 큰 그릇에 담기기라도 하니까!

— 2023. 1. 25. 베트남 하노이에서 친구가 보내준 논어의 '小人之過也必文'(소인배들은 잘못을 저지르고도 변명과 핑계를 일삼는다) 구절에 호응해서 쓰다.

하노이의 아침

7년 만에 찾은 하노이여
참 부지런히도 달려왔구나.
호 아저씨는 평안하시겠죠?
西湖는 매화꽃을 피우느라 바쁘고
紅江은 엄마 젖처럼 흥건히 흐르고 있네.

호치민 민족주의가 밤새 배회하는 사이
닭 우는 소리에 열리는 하노이의 아침
질주하는 오토바이 물결 사이를 헤집는
희뿌연한 햇살은 치부를 지우는 지우개
거리마다 넘치는 건 쌀국수와 오염들
소수 사람들만 살맛 나는 격차사회에서
가가호호 내걸린 왕별들끼리만 공평할 뿐
아직도 갈 길이 멀구나.

사시사철 상하의 나라 베트남에선
북방에서 날아든 철새들에겐 오래지 않아
생태적으로 겨울이 그리운 법이지!

— 2023. 1. 27. 05:17. 베트남 수도 하노이에서

사빠에서 디엔비엔푸 가는 길

해발 3천 이상의 준령을 오르내리면서
승합차가 200여 km를 8시간이나 달린다.
운무에 가려진 아찔아찔한 낭떠러지
굽이굽이 돌고 꺾어지는 산길을 가네.

강 따라 난 도로는 마음 찾아 떠나는 길
20세기와 21세기가 공존하는 지구촌 축소판
물소들이 무리 지어 어슬렁거리거나
천연덕스레 길바닥에 드러누워 있고
강물엔 물새 떼와 고깃배들이 점점이 떠 있다.

마을엔 간혹 TV수신 접시가 보이지만
척박한 산속 외딴집엔 누가 어찌 살아갈까?
편벽진 산촌에까지 꽂혀 있는 베트남 국기들
국가주의가 말초세포까지 물들인 것이지

중고차 벤이 365일 하늘과 땅을 오르내리면서
꿈과 설레임과 애환을 실어 나르는데
타고 내리는 이들 면면이 뇌리에 박제가 된다.
사빠-디엔 길 연변은 기시감 있는 우리 얘기다.

— 2023. 2. 2. 04:52 베트남 디엔비엔푸 Duc Thang 게스트 하우스에서

메콩강 선상에서

메콩강!
모든 걸 품는다는 "어머니의 강"
품는다는 건 자길 비워야 가능한 겸허이지만
티베트고원 만년 설산 전령사로
수만리 험로를 굽이굽이 돌아 내려오면서
다랍게 고작 태산준령의 기만 품었겠는가?
처녀림의 전설만 안고 온 것도 아니라네
불법도 실어와 황금빛 왓트로 장엄했지.

강낭콩 물빛으로 빛나는 메콩강
물결에 보름달을 사금처럼 품어서
삶과 희망을 잇고, 만남과 이별을 잇고,
과거와 현재를 잇고, 차안과 피안을 잇는다.

인간들이여!
가르니에와 파비에가 탐사명분으로 손댔지만
더 이상은 우리의 어머니를 욕보이지 말지어다.

메콩강이여 영원히 흘러라!
흐르지 않으면 단절과 폐색뿐일지리니
경계 없는 자비심이여 널리 널리 퍼져라!
퍼지지 않으면 공존 해치는 탐욕이 승할 것이니.

- 2023. 2. 3. 초저녁 라오스 루앙프라방의 메콩강 선상에서 소회
  2. 4. 05:01. 루앙프라방의 파밀리온 호텔에서

루앙프라방의 새벽

어둠이 물러가기 전 탁발승 행렬이
수행 逍遙로 전생 업보들을 풀어낸다.
저마다 사연들은 묵언에 묻어두고
나눔과 재분배로 잠시나마 펴지는 사바세계.

존재에 대한 연민에 붉어지는 눈시울
보시로 찰나나마 넉넉해지는 자비심이
하늘빛 물들이는 메콩강의 물안개처럼
이방인의 영혼을 촉촉이 적신다.

날렵히 뻗은 용마루 위로 동이 트는데
동자승들이 치는 法鼓의 법음,
사원 앞 꽃 파는 소녀의 미소,
아침 시장의 웃음 짓는 아가씨,
부처의 應身들이 세상소리를 보고 있다.

누구에겐 오지 않는 루앙프라방의 새벽은
경건함과 자기성찰의 바닥 모를 늪이다.

- 2023. 2. 5. 05:01 라오스 루앙프라방에서

※ 위 졸시는 『純粹文學』 통권 제362호(2024년 1월)에 게재되었다.

慙愧無面

"이 나라를 걱정하며 울어본 적이 있는가?
자문하매 부끄러움에 눈물이 눈에 가득 찼다."
백범 김구 선생께서 하신 말씀이다.

이 나라를 걱정하며 몸을 던진 적이 있는가?
뒤돌아보매 부끄러움에 눈물이 가득 찬다.
백범 영정을 바로 쳐다볼 낯이 없다.

- 2023. 2. 11. 06:14. 북한산 淸勝齋에서
친일매국노 이완용이 죽은 날(1926. 2. 11)에

제로섬 인생길에서

하나를 얻으면 다른 하나를 잃고
하나를 잃으면 다른 하나를 얻는다.
많은 걸 거머쥐어도 모든 걸 가질 순 없고
종국엔 죄다 놔두고 가게 된다네.
만고 불변의 인생 이치요,
가슴에 새겨야 할 시금석일지니.

없이 살아도 위축될 게 없으이
필경 빈손으로 가는 건 같아질 것이니.
제로섬 인생길에서
정말 중요한 건 소유가 아닐세.
존재의 소중함을 깨치는 것,
자신이 어떤 사람인지 꽹하게 아는 일이지.

　　　　　　　- 2023. 2. 12. 16:12. 북한산 淸勝齋에서
　　　　　　　단톡방에서 필자의 시작품을 알리려는
　　　　　　　친구의 선의를 보고 즉석에서 쓰다.

청룡호 추억

울릉도행 여객선 난간에 서서
손수건 흔들며 눈물짓는 한 여인
님을 두고 돌아가는 마음이 납덩이다.
사흘에 한 번씩 오가는 배
언제 다시 만날 수 있을까?

영일만 바다가 온통 석양에 물들 때
육중한 철선이 유유히 미끄러져 나간다.
선창가에 나온 수많은 전송 인파 속
일하다 나온 중년 사내도 눈가가 촉촉하다.

부~웅 부~웅 뱃고동이 우렁찬데
부둣가 뒷켠엔 서커스단이 요란하고
풍각쟁이의 하모니카 소리가 무심하다.
이별의 가슴 먹먹함을 아는지 모르는지
약장수 좌판엔 원숭이 한 마리가
꺅꺅 꺄아꺅 재롱을 떤다.

그 옛날 청룡호 다니던 부두에 서니
가난에 애환이 깃든 소싯적 그 시절이
무성 흑백영화처럼 잔잔히 걸어 나온다.

  - 2023. 2. 27. 16:54. 포항 항구동 옛날 청룡호가 정박하던 부둣가에서

회귀

이제는 떠나련다.
낮엔 해를 말벗 삼고
밤엔 별을 길벗 삼아서
왔던 길 다시 돌아가련다.

질곡의 허물 던져버리고
위선에 쩔은 예토에서 벗어나
自性 없는 흰 구름을 이정표 삼아
사시사철 꽃 피는 그곳으로 간다.

어쩌다 홀로 여기까지 왔지만
되돌아갈 때는 혼자가 아니라네.
구름과 손잡고서
바람과 어깨동무하고
달님 따라서 웃으며 돌아가련다.

- 2023. 3. 9. 18:53. 북한산 清勝齋에서

진보진영 원로들의 이중성?

진보진영 원로라는 분들은
도덕적으로 보수인사들보다 낫고
똑똑하기도 자신이 최고라고 생각하는 듯하다.
그런데 자기 당 대표는 왜 잘 모를까?
도덕적으로 어떤 문제가 있는지,
어떤 파렴치한 범죄들을 저질렀고,
불리하면 말 바꾸고,
얼마나 잘 빠져나가는지를

상대 당을 비난하고 공격하기 이전에
자기편 문제부터 바로 알아야 하지 않는가?
실체와 실상을 제대로 알고 나면
처신이 현명해지거나 침묵할 수밖에 없다.
그게 안 되는 자는 틀림없이 정치'꾼'이다.

당대표 측근 키맨들 여럿이 의문사로 죽어도
그 사건에 대해서도 하나 같이 모르쇠다.
모두 돈을 먹었는지 꿀을 먹었는지 벙어리다.

알고도 모른 척하는 것인지
정말로 모르고 하는 말인지

방탄용으로 대통령 탄핵하자고만 소리친다.
이러니 누가 정치인을 믿겠는가?
이러니 어느 누가 원로라고 존경하겠는가?

- 2023. 3. 10. 05:23. 북한산 淸勝齋에서
야당 대표의 도지사 시절 비서실장의
의문사 소식을 접하고 쓰다.

마침표 한 점

70대 몇 년 며칠에 멈추어 설지
80대 어느 날에 점이 찍힐지
아니면 의지와 달리 구순을 넘게 될지
그것도 아니면 60대가 가기 전에 끝날지
인명은 재천이라 내 알 바가 아니다.

잠시 빌린 것들,
그간 잘 쓰고 많이 누렸다.
덤으로 사는 세상
가진 걸 다 돌려주고 가야지
성취랄 것도 없지만 자신이 이룬 건 없다.
남들에게서 입은 유무형 덕택의 가합체일 뿐
실수와 과오는 모두 본인이 저지른 것이다.

몸뚱이의 어떤 부분도 내 것이랄 게 없다.
육신은 마디마디 나눠서 되돌려줘야지.
혼백은 각기 알아서 제 갈 길 갈 터이고
저승에 가져갈 건 단 한 하나도 없다.
마침표 한 점,
이승에 남길 건 이것뿐이라네.

— 2023. 3. 20. 06:17. 북한산 淸勝齋에서

思父哭

아버지, 그때는 몰랐습니다.
왜 이 노래를 아버지가 애창하셨는지요.
아들이 커서야 그 노래의 뜻을 알았죠.
이젠 아들이 자주 부르는 애창곡입니다.
노래할 때마다 아버지 모습,
아버지 육성을 떠올리면서요.

아버지,
오래전 아버지가 사셨던 포항에는
3월임에도 벌써 벚꽃이 흐드러지게 피었네요.
추석까지는 아직 시간이 많이 남았습니다.
차례상 받으시기 전까지 시장하실 겁니다.
좋아하신 그 노래 들으면서 초요기라도 하시죠.
계시는 곳이 극락인지 천당인진 몰라도
거긴 매끼 식사를 안 해도 잘 사는 데라데요.

아버지,
오늘도 이 아들이 부르는 思父曲은
기어이 눈물의 思父哭이 되고 맙니다.

- 2023. 3. 29. 09:37. 고향 포항 집에서

북한산 참꽃

그 옛날 소싯적

해마다 봄만 되면
연분홍 입술을 많이 따먹었다.
봄볕에 속 비치는 분홍치마 벗기듯이
뭇사람들 시선에
배시시 떠는 몸을 탐했었지.

오늘은
님을 품을래야 품을 수가 없구나.
북한산 벼랑 끝 바위 위에서
송이송이 하늘거리는 참꽃이여.

— 2023. 4. 2. 11:20. 북한산 삼천사 가는 산길에서

봄비

봄비는
보슬보슬 내리는 게 제격이다.
주룩주룩이 아니다.
쏴쏴도 아니다.
지난 삶이 주룩주룩 펼쳐지면 마음이 무겁고
닥칠 삶이 쏴쏴 쏟아지면 숨이 가빠진다.

창가 차탁에 다소곳이 앉아
빗소리에 젖어 物事一如가 되기엔 가랑비가 좋다.
묵언하기에는 보슬비가 어울린다.
살아있다는 사실에 빠져드는덴 이슬비가 맞다.

우려낸 차 한 잔 손에 드니
봄비에 먼 산 연두빛 신록이 기꺼워하고
꽃들도 살포시 고개를 주억거린다.
보슬보슬
보실보실
마음이 새순처럼 순해진다.

　　　　　　　－ 2023. 4. 5. 09:32. 북한산 淸勝齋에서

어떤 법어

평생 부처만 팔다 간 룸펜?
산은 산이요 물은 물이라고 했었지.
중생은 늘 한쪽밖에 볼 줄 모르고
無明에 가린 존재라 한때는 먹혀든 법어였어.
이젠 산도 산이 아니고 물도 물이지 않아.
가리키는 달은커녕 손가락도 안 쳐다봐.
쓰레기 같은 잡것들만 넘쳐나는 세상이여.

원래 산은 산이고 물은 물이지만
法界에선 산이 물이고 물이 산이기도 해.
한 바퀴 돌면 다시 산이 산이고 물은 물이지.
妙有의 그 차이를 알게 되면 한 道 한다잖어!
헌데, Atman과 연기법이 뭔지도 모르는데
어느 중생이 안다고 법어랍시고 던졌나?
자신의 본 면목을 바로 보라는 건 멋진 화두여도
아무도 金權慾을 뿌리치지 못하고
그대가 禪과 敎까지 짬뽕으로 만들어놨으니
장좌불와가 헛되고
삼천 배가 부질없도다.
어르신, 그냥 곡차나 한 잔 드시지요.

— 2023. 4. 6. 09:31. 제6대(1981~1990)와 제7대 조계종 종정
(1991~1993)을 지낸 성철 스님 탄생일을 맞아서 쓰다.

나는 울엄마다

거의 매일 같이 집사람 도시락을 싼다.
온전한 걸 골라서 담아주고
남는 짜투리나 찌부러진 건 내가 먹는다.
옛날 어릴 때 우리 엄마가 그랬다.
아들이 말 안 듣고, 문제를 일으켜도
엄마는 화를 내고 야단을 쳤지만
도시락을 쌀 땐 늘 못난 아들이 먼저였다.

엄마 마음이 며느리에게 가는 모양이다.
가끔씩 집사람에게 묻는다.
오늘 도시락 맛있었냐고
아내는 묻지 않아도 먼저 말하기도 한다.
반찬이 너무 너무 맛있어
도시락 먹는 재미로 출근한다고.
흐뭇한 마음, 느꺼운 기분
그게 울 엄마의 사랑이었던가 보다.
어무이, 고맙심다.
저희는 잘살고 있어요!

― 2023. 4. 7. 08:21. 북한산 *淸勝齋*에서

다시 구룡포로 간다

나는 다시 구룡포로 간다.
항구엔 물새들이 떼 지어 노닐고
하늘엔 이슬비에 오색 무지개가 빛나는,
파도가 수천만 번 부딪혀도 서로를 품는,
사람 사는 곳으로 달려간다.

세상이 인간을 받아들이기 역겨워하고
바람이 거친 대지에 섞이지 못해 서성이면
모든 걸 내려두고 미련 없이 떠난다.

바다는 내 유년의 꿈이 잠들어 있는 곳
그곳에서 자신을 찾고 버리기 위해
나는 또다시 구룡포로 간다.

- 2023. 4. 8. 13:17. 친구와 함께 구룡포 가는 고속도로 위에서

구룡포에서 주님 모시기

아무래도 구원은 튼 거 같다.
이곳에서 수없이 주님을 모시고 다녀도
도통 교회는 보이지 않고 술집만 보였다.
젠장, 개 눈엔 똥밖에 보이지 않는다더니!

낮술에 취하고서야 눈에 들어온 견고한 성채
취한 거리는 온통 喜熱로 타오르는데
짠내만 날 뿐 찬송가는 들리지 않고,
뾰족한 십자가도 묵시록조차 한 마디 없다.
쓸데없이 높이 솟아 있기는 여기도 그렇지 뭐
술에 쩔은 이가 누울 낮은 자리가 아니지.
무지개 한 폭 내려주지 않고 입 다문 하늘

아무래도 공력이 부족한 모양이다.
다시 주님을 모실 수밖에 없구나.
주님은 늘 낮고 비천한 저잣거리에 섰었지.
그러나 酒여!
이젠 정말 독주는 안 마실랍니다.

　　　　　　　- 2023. 4. 9. 15:03. 구룡포 구도로 거리에서

친구 故 추동호의 넋을 기리며

산다는 것은 분명 은혜로운 일이지만
고독을 벗 삼아 숱한 밤을 홀로 지샜을 님아
자주 함께 해주지 못해서 죄스럽네.

한때 기품이 가을날 서리 같이 정갈했었지.
심성이 여름날 흰 구름처럼 맑았던 친구야
이 화려한 봄날 목련꽃과 함께 떨어졌구나.

달이 자신의 고적함으로 밤을 지킬 때
무연고의 빈소는 그대의 후덕함으로 채워졌네.
혼자 가는 길이지만 결코 외롭지 않을 걸세.

천성이 고결했던 나의 친구여 잘 가라!
그대와 같이한 찰나의 세월,
우린 잠시 떠 있던 덧없는 낮달을 보았노라.
그렇제? 소싯적 친우 동호야
애잔한 그 눈빛 오랫동안 잊혀지지 않을 걸세.
이승에서의 고뇌를 다 내려놓고 편히 쉬시게!

- 2023. 4. 12. 16:23. 초등, 중고등학교를 함께 다닌 친구를
보내고 오는 포항발 서울행 KTX열차 안에서 쓰다.

구룡포가 부럽다

구룡포는 바다를 품고 있다.
바다는 구룡포가 아니지만
구룡포는 바다다.
바다가 없으면
구룡포는 구룡포가 아니다.
정말 구룡포에 바다가 없다면
그곳 사람들은 어떻게 살아갈까?

오늘도 구룡포인들은 바다에 나간다.
동해바다는 새끼들이 빠는 어미젖이다.
검푸른 파도가 넘실대는 구룡포
그곳엔 그곳밖에 없는 설레임이 있다.
구룡포는 나를 부러워하지 않지만
나는 구룡포가 마냥 부럽다.

- 2023. 4. 19. 11:41. 구파발발 이수행 전철 안에서

그리움의 역설

구룡포가 정 붙일 흔치 않은 곳이어도
나는 그곳에서 살고 싶지 않다.
아니, 살아선 아니 된다.

김치든, 된장이든
먹고 싶을 때 못 먹으니 먹고 싶지
언제든 먹을 수 있으면 당기지 않는다.
고향이든, 명승지든 갈 수 없으니
그립거나 가보고 싶은 것이다.
세상 그 어떤 곳도 당지에 살면 덤덤해진다.
가지 못하니 그리운 것이다.

그리움은 물 쓰듯 헤프면 안 된다.
심장 깊숙이 갈무리해 놓고
한 올 두 올 피어나듯 해야 한다.
조금씩 부족해야 삶이 삶다워지듯이
이따금씩 그리워야 제대로 그리워진다.

- 2023. 4. 25. 14:07. 사당동 전철역 14번 출구를 나오면서 구룡포에 와서 살지 왜 굳이 공기 탁한 서울에 살려고 하느냐는 어느 구룡포 토박이 선배의 전화를 받고 쓰다.

할미꽃

보송보송한 솜털이 언제 백발이 됐는지
한 올 두 올 실바람에 하늘거리네.
평생 지아비를 공경해서
머리 한 번 쳐들지 않았던 외할매
강변에 팥죽빛으로 피어나셨구나!

멋쩍어 고개 들지 못하는
영원한 새악시
늘 다소곳한 할미꽃 한 송이
백세가 넘어도 고우신 우리 할머니

- 2023. 4. 27. 10:42. 포항 형산강 강변에서

마음

눈 코 입 혀 귀는 보란 듯이 붙어 있고
만질 수는 있지만 갈아 끼울 순 없다.
하나뿐인 대체 불가의 불가변체다.

눈에 보이지 않고,
손에 잡히진 않아도
마음은 수시로 갈아 끼울 수 있다.
통 채나 부분도 대체 가능한 한시적 실체다.

마음으로 마음을 없애고
마음으로 마음을 살린다.
마음이 우주요, 자신이 마음이다.
그기에도 달린 눈 코 입 혀 귀가 도구다.
매일 매시간 매분, 마음을 움켜쥔다.
글쎄 그게 어데 있다고.

- 2023. 4. 30. 07:43. 북한산 淸勝齋에서

접시꽃 친구

해마다 접시꽃이 필 때면 눈에 밟히는 친구
불혹도 못 돼 한 줌 재로 떠난 지 어언 20여 년

초가을 따가운 햇살 아래 49재가 끝나던 날
사찰 뒤뜰 유품들이 하나둘 재가 되면서
고인의 체취마저 연기로 사라지는데
한 여인이 소리 없이 흐느끼고 있었다.
늦게 만나 부부가 되기로 언약한 친구의 연인
잘못된 수술을 권한 자신을 책망하는 듯
들썩이는 두 어깨는 숫제 격정의 절규였다.
자작나무 울음이 애닯게 타고 있었다.

간호사였던 그 여인은 지금 어찌 살고 있을까?
생눈 뜨고 떠나보낸 그를 지금도 생각할까?
몹쓸 병 있어도 늘 웃으며 살다 간 내 친구는
자길 받아준 고운 님을 잊지 않고 있을 레라.

접시꽃이 만발할 즈음
꽃잎처럼 떨어진 내 친구
자신이 좋아한 접시꽃으로 피었으리라.
친구가 살다간 이 땅에 나는 아직 남아 있지만

언젠가 저승에서 다시 만나게 된다면
이승에서 한때 우리는
진정 아름다웠었노라고 말하리라.

– 2023. 5. 5. 10:59. 포항발 마산행 고속버스 안에서

아이 나름인 걸

일부를 전체인 양 말하는 게 이젠 대세다.
자고로 대전제의 오류, 일반화의 성급함은
성인이라 해서 없는 게 아니다.

예수는 아이 같지 않으면 천국에 못 간다 했다.
水雲은 하늘에 제일 가까이 있고 하늘 뜻을
가장 잘 아는 존귀한 존재가 아이라 했다.
어떤 시인은 어린이를 찬양하는 시까지 썼다.
어른들은 자기주장만 고집하거나
자기 욕심만 차리고 거짓말투성이어서
어린아이가 순수하니 닮아야 한다고.

모든 아이들이 다 그러면 얼마나 좋을까!
예나 지금이나 아동들 중엔 못된 애도 있다.
자신의 잘못은 늘 남 탓으로 돌리고
커서 자기 부모만큼 잘살까 하는 걸
벌써부터 걱정하는 초등학생
돈 앞에선 거짓말도 예사로 한다.
급우 농간하고 왕따시키는 몹쓸 애도 있다.
일그러진 영웅 엄석대가 표상이다.
못된 어른은 그런 애가 자라서 된 것이다.

이물스런 아이는 커서도 詐자가 농후하다.
세 살 버릇 아흔까지 가기도 한다.
바늘도둑이 소도둑 된다는 말이 왜 있겠나?
비약은 사라지지 않을 일부 인간의 관성이다.

　　　　- 2023. 5. 5. 13:27. 서울발 마산행 고속버스 안에서

가볍게 가볍게

가고 난 뒤 혼자 살아도
외롭거나 적적하지 않게
너무 깊은 정이 들지 않도록 해야 한다.
환영이 될 정도로 못 잊을 추억은 쌓지 마라.
뭣이든 스스로 결정하고 할 수 있도록
평소 배우자에게 의지하지 않도록 해라.

떠난 뒤 홀로 지내는 데 익숙하도록
금슬이 지나치게 좋지 않도록 해야 한다.
혼자는 못 살 만큼 그리움을 줘선 안 된다.
얼굴이 떠오르지 않게 흔적 남기지 말고
체취까지도 연기처럼 사라지도록 해라.

같이 살아도 늘 무소의 뿔처럼 혼자서 가도록
자신을 돌보는데 익숙토록 해야 할지어다.
배우자란 그가 뭘 해주길 바라기보다
그냥 있어만 줘도 좋은 존재이면 된다.

- 2023. 5. 6. 04:18. 마산 처가에서

※ 위 졸시는 『純粹文學』 통권 362호(2024년 1월)에 발표되었다.

존재의 연민

삼라만상은 영구히 제 몸인 게 없고
괴로움과 행복은 상대적 필연인 걸
自性 없는 생명체인 이상
산다는 게 苦이고 죽음은 必至라네.

혹여 이슬이 되면 벗어날 수 있을까?
구름이 되어야 相에서 탈각할까?
바람이어야 더 이상 나투지 않을까?
돌고 돈다는 流轉은 알 수 없는 것

할미꽃 솜털에 안긴 무쇠 덩어리
금강석을 들어 올리는 비눗방울도
한 때일 뿐 모든 게 가고 나면 그만이다.

반신불수의 독경소리가 살을 저미는데도
저마다 업보는 껍데기만 태우고 있다.

— 2023. 5. 6. 05:33. 마산 처가에서

집 나간 아내가

살아도 산목숨이 아닌 삶
머잖아 갈 거 조금 앞당겨 갑니다.
몹쓸 흔적 정갈히 치워드리지도 못하고
바람에 실려 살짝 하늘로 올라가지만
실은요, 사실은요
반평생 몸에 칭칭 감긴 모진 멍에 걷어차고
한 마리 예쁜 바다 물새가 되고팠죠.

아이고, 참 내봐라!
이번 태풍 놓치면 또 언제 실릴까 싶어
급히 나오느라 작별인사도 못하고 왔네.
한 갑자 돌기까지 정말 고마웠어요.
참으로 꿈같은 세월이었죠.
세상에 사람은 당신뿐이었지요.
새 사람 만나 남은 삶은 상큼해야죠.

당신 말 대로 각시가 집을 나왔으니
용전을 둘러보는 걸로 저세상 사람입니다.
혹시 새 각시가 못 찾아갈지도 모르니
밤바다가 내다보이는 선창가에
작은 등불 하나 내걸어 주시구려.

— 2023. 8. 12. 06:33. 북한산 淸勝齋에서 오랜 지병 끝에 유명을
달리하신 구룡포 허재비 형 형수님에 빙의해서 쓰다.

집 나간 아내에게

한 줌 재로 변하니 정말 실감이 안 나더라.
묻고서 홀로 돌아서니 그 허망함이란 참!
원래 둘 뿐이었던 집이었지만
이젠 아무도 없는 적막강산이야.
당신 체취마저 바람에 실려 가고 없어.
나도 이곳에서 영원히는 살지 못하겠지만….

날 생각는다고 새 각시가 찾아올 거라 캤제?
칠순 영감 뭐 볼 게 있다고 누가 온다 말이고!
뭔 미련이 있다고 다시 올라꼬!
말이야 바린 말이지 다시 집에 들어올라믄
지긋지긋한 그 병마는 깡그리 떼고 오너라.

잠이 올 리 없어 뜬 눈으로 지새다가
새벽녘에 깜빡 잠이 들었다 깨어보니
당신이 보이지 않길래 한참이나 찾았네.
난 당신이 갓방에서 자는 줄 알았지.

지금은 어딨노?
아직도 누워 있나?
아침 한술 뜨고 병원 갈 시간이야!

  - 2023. 8. 14. 01:02. 북한산 淸勝齋에서 사흘 전 아내를 다시는
    돌아올 수 없는 먼 나라로 보낸 허재비 형에 빙의해서 쓰다.

어떤 모자

"엄마, 눈 각막 기증했는데 시신도 기부할까?"
"아이고 야야 그게 어에 니몸이고?
내 죽거들랑 해라."
아들이 스물여섯 살 때였다.

"야야 나는 불에 끄실리기 싫데이!
내가 죽으면 불에 태우지 말고 땅에 묻아라."
"언요! 좁고 답답한 땅속엔 말라꼬요.
어무이 성격에도 맞지 않심다.
못 가본 세계를 마음껏 돌아다니시게
넓은 바다에 모실랍니다."
아들은 한 줌 뼛가루를 영일만에 뿌렸다.
쉰한 살의 시월,
가을 햇살이 설핏한 날이었다.

생전에 그토록 가보고 싶어 하셨던
둘째 아들 공부하던 곳엔 가보셨을까?
동해를 빠져나가 맨 먼저 대만에 들렀을 거다.
그리곤 인도양 지나 대서양, 태평양을 돌아서
지금쯤은 또다시 서해로 오고 계실 거다.
불효자는 지금 인천 옆 서울에 살고 있다.

— 2023. 10. 12. 07:00. 북한산 淸勝齋에서

중년과 노년의 차이

중년이 되어서야 비로소 알게 된다.
세상에는 남자 마음에 꼭 드는 여자도
여자 마음에 꼭 드는 남자도 없다는 걸

노인이 되어서야 겨우 깨닫게 된다.
이 여자가 아니면 갈 데가 없었다는 걸
이 남자가 아니면 봐줄 이가 없었다는 걸

중년과 노년은 마음의 입자가 달라서
가라앉기에만 시간 차가 있을 뿐이다.

- 2023. 10. 15. 07:14. 고향 포항집에서

지혜도 때가 있지

노인이 되지 않고도 알아야 한다.
젊은 날의 번뇌, 좌절, 실의, 고생은
인생에서 없어선 안 될 조미료라는 걸

노인이 되면 알아야 할 게 있다.
나이 드는 게 노쇠 때문이 아니라
무관심, 권태, 소외가 늙게 만든다는 걸

지혜도 제때여야 빛을 발하는 법
나이에 걸맞아야
노인이 노인다워지고
노인네가 사람다워진다.

― 2023. 10. 15. 07:44. 고향 포항집에서

이 가을에

결실과 수확의 계절이라지만
나는 거둬들일 게 하나도 없습니다.
말을 놓아버린 이가 할 수 있는 건
성자의 가난한 마음으로 침묵을 그리다가
잔물져가는 황금빛 대자연의 경건함에
우두커니 노을을 바라보는 일뿐입니다.

그대에겐 아무것도 해드릴 게 없네요.
세파에 지친 당신에게 단지
바람 넋에 흥글노래 한 가락 실어보낼 뿐,
참한 양떼구름 한가득 날려보낼 뿐입니다.
이슬도 너그럽게 익어가는 이 가을에
청빈한 가을걷이가 되면 좋겠습니다.

고즈넉이 지는 해 바라보면서
자신의 어제를 되돌아보다가
지금 한 줄의 시를 쓸 수 있음에 기꺼워
우리의 내일을 고이 마음속에 접어 넣습니다.

— 2023. 10. 22. 14:57. 북한산 淸勝齋에서

"선생님!"

"선생님!"
영원히 부를 것 같았던 정갈한 호칭
참으로 공경받아야 마땅한 어른들
이 땅에 선생님이 과연 몇 분이나 있을까?

"선생님!"
이제 남들이 나를 그렇게 부른다.
"선생님, 시집 잘 받았습니다"
"선생님이라뇨! 당치 않는 말씀입니다."

나이 든다고 선생님이 되는 게 아니다.
스승이 빛을 잃고 설 자리가 없어진 시대
참 선생님이 그립고 그립다.

- 2023. 10. 24. 06:18. 북한산 淸勝齋에서

요즘 시대 넝마주이

지난 시절 한 때
고물 줍는 게 직업이던 넝마주이
거리마다 골목마다 다니면서
동네 곳곳을 정화시키고
폐기물 재활용도 했었지.

세월이 많이 흐른 지금은
SNS상에 떠다니는 부유물들이
온 지구를 뒤덮을 만큼 떠돌아다녀도
자기 목소린 없고 캡처한 남들 얘기뿐
저쪽에서 주워 이쪽에 올리는 넝마주이들
공부해서 자기 생각을 밝히기는커녕
떠도는 설들이 사실인지 아닌지 思量도 않고
스스로 넝마가 되어 버린다.

- 2023. 10. 24. 06:28. 북한산 淸勝齋에서

떠도는 바람

바람이 멎어설 데는 없다.
곤고한 몸 눕힐 한 뼘의 땅도 없다.
익명 사회의 광장에서도,
시비 없고 언걸 없는 철 지난 해변에서도,
인정 도타울 고향에서마저도….

뿌리 내릴 수 없는 부평초의 숙명인가?
막다른 골목 안에 이는 회오리바람처럼
어제도 실성한 듯 저절로 돌았고
막차 끊어진 역사에 홀로 남은 이 밤도,
오늘같이 익숙한 내일도, 모레도,
또 혼자서 돌고 돌아야 한다.

세상에 다소곳이 안기지 못해
거친 들판을 서성이는 기의 응어리
어디서든 머물 곳 없는 나는,
그는 명왕성의 지표를 떠도는 바람이다.
이젠 잡아도 자신이 거하고 싶잖은 바람
겨울 눈꽃이 피면 가을바람은 잊는 것이다.

- 2023. 11. 2. 00:22. 전철 3호선 지축역에서

※ 위 졸시는 『월간문학』, 제673호(2025년 3월)에 발표되었다.

추천사

1인 다역의 삶을 사는 雲靜 서상문 시인

박경석

시인, 소설가, 국제PEN한국본부 이사 역임
예비역 육군 준장

　1인 다역의 삶을 사는 雲靜 서상문 시인이 두 번째 시집을 냈다. 첫 번째 시집(『그물에 걸리지 않는 바람처럼』 土房, 2022년)을 내고 2년여 만인 것 같다. 한 세대 앞선 문단의 선배로서, 군사역사 연구의 선행자로서 대단히 기쁘게 생각하고 축하하는 마음이 가득하다.

　이성과 감성이 잘 버무러진 雲靜의 정체성은 가히 복합적이랄 수 있다. 그는 우선 곧은 성품과 타고난 양심이 흔들리지 않도록 매사에 긴장하면서 사는 학인이다. 학문과 인성은 불가분의 관계에 있다. 학문을 연구하면서도 부도덕한 삶을 사는 식으로 인품이 갖춰져 있지 않는 학자는 단지 지식을 가공하는 기계일 뿐이다. 정직하고 정의로운 인성이 학문에도 반영되어 그는 국내외 학계에 최초의 발견이거나 기존의 잘못된 설과 다른 새로운 학설 제시 같은 연구사적 의의가 깊은 학술 성과를 풍성하게 일궈냈다.

雲靜은 중견 역사학자이지만, 과거에만 빠져 있지 않고 현 세상사에도 관심이 많다. 그가 언론인 출신 칼럼니스트로, 다양한 문제의식을 지닌 학자 겸 수필가로 역사, 국제 관계, 국가와 사회의 이런저런 문제들에 대해 대안제시와 함께 자신의 주장을 펼치는 것도 그러한 시민적 참여의식과 지성에서 연유한다.

또한 그는 예술가로서 순정한 감성과 선함이 발현되어 지금까지 문학과 미술 분야에서도 적지 않은 성과를 거두고 있다. 수필가 등단은 이미 10년이 넘었고, 시인 등단은 올해로 5년 차다. 서양화가로도 짧은 기간에 개인전을 8회나 열었는데 그중 세 번은 화랑의 초청을 받은 초대전이었다. 요즘 말로 그는 "멀티플 플레이어"인 셈이다.

雲靜에겐 사회 활동영역이 넓은 만큼 시작에서도 시재가 다양하다. 대체로 마음과 정서, 감성을 중시하는

주정주의에 머무르지 않고 인간의 가식과 허위의식을 들춰내면서 인생의 의미, 자족스런 삶, 인간관계, 인연의 소중함, 사회 및 정치의 부조리한 현실문제에 대한 주지주의적 일깨움이 주를 이룬다. 이 모든 주제는 자연성의 회복 간구와 작가 자신의 성찰로 귀일된다. 이러한 자연성 회복과 자기성찰은 수필, 시와 회화 작품에 공통적으로 발현되고 있는데 이번 시집에 실린 작품 중에도 나타나 있다. 가령 아래와 같은 표현에 잘 응축돼 있다.

부처의 應身들이 세상소리를 보고 있다.

누구에겐 오지 않는 루앙프라방의 새벽은
경건함과 자기성찰의 바닥 모를 늪이다.
  　　　　　　－「루앙프라방의 새벽」에서

반나절을 살아도
인간답지 않은 시인으로 살기보다
시는 변변찮아도 사람인 사람으로 살고 싶다.
사람이 아닌 시인은 시인이 아니다.
인간다운 인간이 참 시인이다.
  　　　　　　－「어느 시인의 간구」에서

이번 두 번째 시집에 실린 작품들 외에 그에겐 미발표 시작이 적지 않을 뿐만 아니라 시 외에 수필, 역사기행기, 각종 비평, 영화 시놉시스 등등 대중에 선보이지 않은 산문들도 많이 잠자고 있는 것으로 안다. 향후 옥고들이 알알이 구슬로 꿰여져 영롱한 빛을 발하면서 독자들과 폭넓게 교감하게 되기를 바라 마지않는다. 雲靜의 두 번째 시집 출간을 다시 한 번 축원하면서 그의 건승과 건필이 지속되기를 희원한다.

국제PEN한국본부
창립70주년기념 시인선 __27__

달을 말벗 삼아 별을 길벗 삼아

저자 **서상문**

기획·제작 **국제PEN한국본부** **pen**
International PEN-Korea Center

발행일 2025년 2월 26일
발행처 기획출판오름 Orum Edition
발행인 김태웅
등록번호 동구 제 364-1999-000006호
등록일자 1999년 2월 25일
주소 대전광역시 동구 대전로 815번길 125
전화 042-637-1486
e-mail orumplus@hanmail.net

ISBN _ 979-11-94471-10-3

값 12,000원

· 본 책 내용의 전부 또는 일부를 재사용하려면 반드시 저자의 동의를 얻어야 합니다.
· 지은이와의 협의에 의해 인지는 생략합니다.